新文京開發出版股份有限公司

NEW WCDP　新世紀・新視野・新文京 — 精選教科書・考試用書・專業參考書

全球視野
與多元文化

GLOBAL VISIONS AND
MULTIPLE CULTURES

朱介國 著

在這個網路無遠弗屆的時代，只須動動手指就可瀏覽全世界。但為何許多人仍然沒有國際觀呢？因為國際觀對於多數人而言，並非切身之物，有之亦可，無之亦無不可。世上許多國家，也充斥著許多沒有國際觀的人民，民主國家如美國與日本也者，亦復如斯。國際觀就像英語和其他外語，能幫助我們理解外面的世界。但要如何才能理解得正確，則有賴高人指點，而學校的課程無疑是一個很好的「高人指點」平臺。因為目前科技日新月異，臺灣學生早就人手一機，早已具備「建立國際觀」的利器了，只是萬事具備，徒欠東風而已。再者，臺灣學生缺乏國際觀，是因為從小到大，即便不斷有人告訴他們國際觀的重要性，卻很少有人告訴他們要如何建立國際觀。因此，本校早從 102 學年度起，就看到這種情況，便開始籌備相關課程，並將「國際素養」列為學生的基本素養之一，其目的就是要讓學生知道國際觀的重要性，更要讓他們知道如何建立國際觀。我寫這本教科書的目的也在於此，希望老師與學生可以藉由這本書看到一些方法，或者能更勝一籌找出更好的方法，那麼我也能算得上是達到「野人獻曝」的初衷了。

德明財經科技大學通識教育中心主任

朱介國　謹識

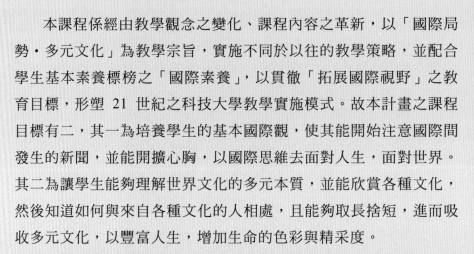

　　本課程係經由教學觀念之變化、課程內容之革新,以「國際局勢・多元文化」為教學宗旨,實施不同於以往的教學策略,並配合學生基本素養標榜之「國際素養」,以貫徹「拓展國際視野」之教育目標,形塑 21 世紀之科技大學教學實施模式。故本計畫之課程目標有二,其一為培養學生的基本國際觀,使其能開始注意國際間發生的新聞,並能開擴心胸,以國際思維去面對人生,面對世界。其二為讓學生能夠理解世界文化的多元本質,並能欣賞各種文化,然後知道如何與來自各種文化的人相處,且能夠取長捨短,進而吸收多元文化,以豐富人生,增加生命的色彩與精采度。

　　本課程之主軸為「全球視野」與「多元文化」。「全球視野」始於主題一「國際關係理論」,以認識「古典現實主義」、「新現實主義」、「自由主義」、「新自由主義」、「建構主義」、「全球主義」等六種理論對國際關係的運作與處理。其次為主題二「國際格局」,以認識「多極」、「兩極」、「單極」及「一超多強」等國際格局對世界影響。其三為主題三「今日衝突焦點」,以認識今日世界動盪之所在,總共介紹 5 個焦點,它們分別為「耶路撒冷之爭」、「北韓之核武發展」、「南海危機」、「烏克蘭危機」、「新冠肺炎影響」。再者為主題四「國際區域聯盟」,以認識今日重要國際區域聯盟組織之名稱與功能。主題五為「人口老化社會」,目的在使學生了解全球人口老化現象,以及思考解決之道。主題六為「經濟發展全球化與全球移民問題」,旨在討論「多國公司」與「人才外流」對未開發國家造成的影響。

「多元文化」則以主題七「何謂多元文化」作為開端，目的在使學生略知各國人民的習性與傾向，並簡略介紹世界的主要文明內涵，以探究文明或文化的衝突對於世界的影響。主題八為「搭起友誼的橋樑」，目的在讓學生知道自己的文明絕非世上最優，唯有經由「脫掉有色眼鏡」、「去除偏見」與「建立同理心」的過程，才能真正欣賞各國文明，而與各種文化的人和平相處，進而搭起友誼的橋樑。

目 錄

CONTENTS

CHAPTER /06 認識經濟全球化與全球移民議題

CHAPTER /07 認識多元文化

CHAPTER /08 搭起友誼的橋樑

導　論

　　古詩云：「欲窮千里目，更上一層樓。」視野越廣，看到的範圍就會越大。國際視野亦然，卻只怕角度偏掉，而看不到真相。本書是一本偏概論的教科書，並不想討論角度問題，只想帶領學生開拓國際視野，以認識國際局勢與多元文化，乃不揣淺陋，提出 10 個面向作為切入點，希望對他們有所幫助。這 10 個方向分別為：認識國際關係理論、認識國際格局、認識國際衝突焦點、認識國際區域聯盟、認識人口老化議題、認識經濟全球化議題、認識全球移民議題、認識多元文化、認識文化衝擊、認識文明的衝突。

一、認識國際關係理論

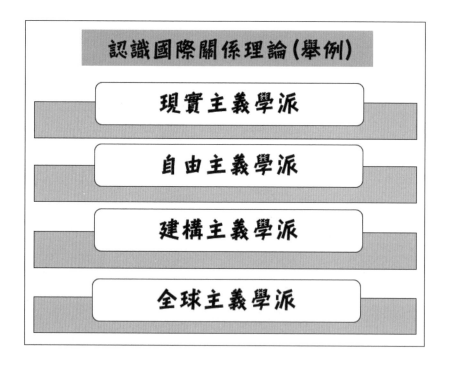

二、認識國際格局

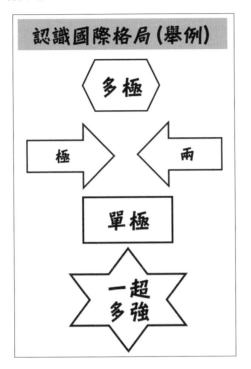

三、認識國際衝突焦點

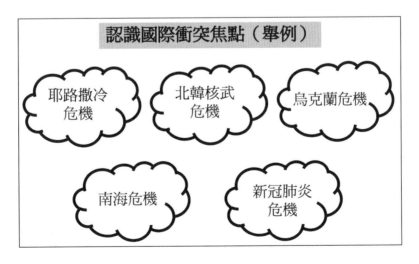

四、認識國際區域聯盟

認識國際區域聯盟（舉例）
東南亞國家協會、上海合作組織
北大西洋公約組織、歐洲聯盟、獨立國家國協
美墨加貿易協定、美洲國家組織
南美洲進步與發展論壇、中美洲統合體、加勒比共同體
非洲聯盟
阿拉伯國家聯盟、海灣阿拉伯國家合作委員會
地中海聯盟
亞洲太平洋經濟合作會議
區域全面經濟夥伴關係
跨太平洋夥伴全面及進步協定
亞洲基礎設施投資銀行
凱恩斯集團

五、認識人口老化問題

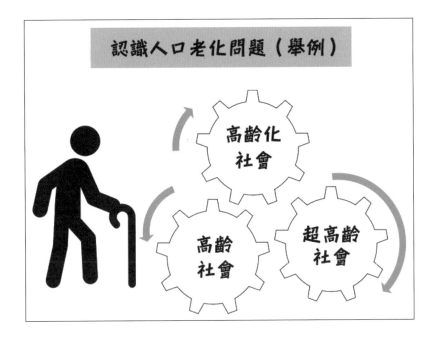

六、認識經濟全球化議題

七、認識全球移民議題

八、認識多元文化

加拿大早期居民主要由英國人與法國人組成，當初制定國旗時，有英國與法國的成分。左下角又繪有本土的楓葉被象徵法國王室的百合花包圍，多元文化在這面旗幟中展現無遺。

九、認識文化衝擊

十、認識文明的衝突

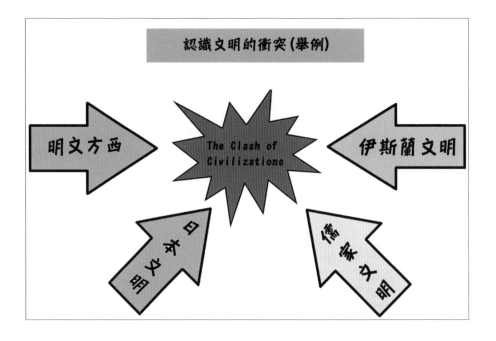

　　以上這 10 個面向，只是基本工夫而已，若想再深入的話，就要從注意國際局勢開始。看報紙、聽新聞或聽媒體座談與專家演講，皆為了解國際時勢與開拓國際視野的進路與方法。但「有興趣」還是最重要的動力，而好奇心乃是這個動力的源頭活水。筆者認為，各位讀者若能對國外之事存有好奇心，自然會對國際局勢產生興趣。不過，這個好奇心，除非你是個天才，否則定要有人啟發你。其實這個啟發很簡單，就是要知道一個觀念：我們目前身處一個全球化的時代，世界上任何角落發生的事，都會對其他地方產生蝴蝶效應，所謂「牽一髮而動全身」是也。能夠知道這個觀念，便會存有好奇心，也就不會閉關自守，會對國際局勢產生興趣。最後，筆者引用北宋理學家陸象山的詩，與讀者共勉之。詩云：「仰首攀南斗，翻身依北辰，舉頭天外望，無我這般人。」

就從今天開始，讓我們做個頂天立地的世界人，做個國際化與現代化的陸象山，茲將陸詩改寫如下：「仰首攀國際，翻身依全球，舉頭往外望，勤把世界遊。」這是筆者對自己的期望，也將它分享給本書的讀者。

MEMO

認識國際關係
理論

顧名思義，國際關係是一門研究全球格局的學科，其研究範圍包羅萬象，但本書因篇幅關係，只局限於國際關係的理論。因為這牽涉到影響各國或國際組織處理國際關係態度與方法，進而形成一種約定俗成的國際格局，從而建構一種國際秩序。國際關係理論較著名者有 6 種：古典現實主義學派、新現實主義學派、自由主義理論、新自由主義學派、建構主義理論、全球主義學派。

1-1　古典現實主義學派（Classical Realism）

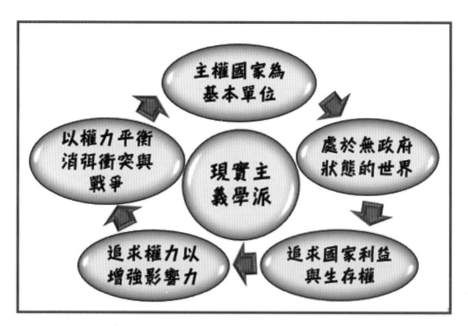

圖 1.1　現實主義學派理論圖解

古典現實主義學派強調國際政治處於無政府狀態（anarchy），主權國家（sovereign states）為國際政治的基本組織，其上並無一更高位的權威以維持秩序，而自利（self-interest）與自保（self-preservation）的人

性（human nature）處於無政府狀態的國際社會之中，勢將進行國家鬥爭與權力追求。然此並非純粹為了安全（safety）與生存（survival）的緣故，而是出於人性為了去除恐懼（fear）、爭取榮譽（honor）以及對於權力（power）喜好的原因，亦即人性本身對於權力的追求，就是一種內在的生物動力（inherent biological drive）。故此派理論認為，人性會使主權國家在無政府狀態的國際社會裡為所欲為而難以預測，追求權力極大化以擴張其國際影響力乃勢在必行，故其從而亦主張權力平衡（Balance of Powers）以降低或消弭國際衝突與戰爭。

1-2 新現實主義學派（Neorealism）

新現實主義學派又被稱為結構現實主義學派（Structural Realism），此派同樣主張國際政治處於無政府狀態，主權國家為國際政治的基本組織，國際關係乃由結構性限制（Structural Constraints）所決定，而古典現實主義學派強調的人性並不在考慮之列。所謂結構性限制，乃指國際體系中的強權多寡與主權國家的能力分配（distribution of capabilities）。故對主權國家而言，追求權力極大化並非務實做法，因為國際社會將出現權力平衡（Balance of Power）局面，亦即當每個國家對內會經由經濟與軍事建設，以達成與他國的權力平衡，或對外結盟以制止其他國家及組織的擴張。故主權國家無論大小，都應正視自己在國際體系裡的能力分配位置而採取務實行為，方能維持權力平衡局面以維持安全而延續生存。因此，結構現實主義學派又稱為守勢現實主義學派（Defensive Realism）。不過，由於結構現實主義學派提出的結構性限制理論有其消極面，乃有學者提出修正理論，主張強權在不信任他國的情況下，可以使用軍事實力來確保國家安全，以求取權力之極大化。

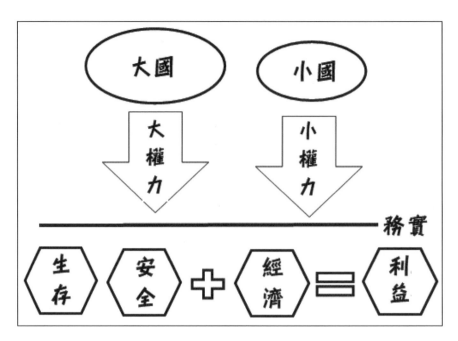

圖 1.2　新現實主義學派理論圖解

1-3　自由主義學派（Liberalism）

　　自由主義學派和現實主義學派皆認為世界處於無政府狀態，但此學派不認為主權國家是國際政治的基本單位，而主張非政府組織（NGO）、企業（business），乃至個人（individual），皆具有影響世局的能力。自由主義學派與現實主義學派皆相信人類理性之存在，但自由主義學派認為現實主義學派將理性用於追求短期利益極大化，乃自私且不智之舉，將會使國際政治陷入短多長空之困境，故它主張須以理性進行合作，並經由相互妥協的過程，以群體的利益為考量依據，方能改善國際建制（International Regimes）或制定良好的國際建制，使國際組織、國際慣例與國際法規愈趨進步與成熟，藉此以追求國際政治的長期利益，為人類締造幸福。

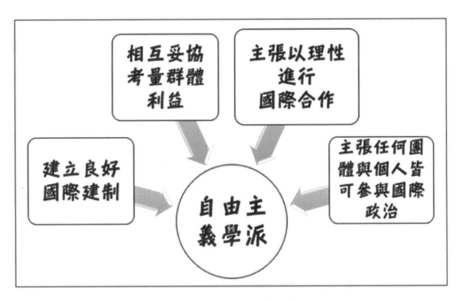

圖 1.3　自由主義學派理論圖解

1-4　新自由主義學派（Neoliberalism）

　　新自由主義學派持續自由主義的合作路線，並進一步提出「絕對利益」（Absolute Gain）的說法，來破解現實主義與新現實主義追求的權力與軍事安全的理由。因為隨著時代演進，新自由主義學派認為國家與國家之間相互依存（interdependence）程度日漸加深，尤其在經濟交流方面與往昔相比，已不可同日而語，一旦以戰爭相脅或發動戰爭，必然損失慘重，故不如以國際合作來對應彼此日益加深的相互依賴之關係。然而，新自由主義學派主張國際合作，必須依賴國際建制作為行事依據方能成功。再者，此種國際合作不必限於政府與政府之間，議題亦不必限於軍事與國家安全。凡此主張不但延伸了自由主義學派的主張，亦是來自對於新現實主義學派的批判，可謂其來有自，擁有較自由主義學派更加穩固的基礎與更加務實的理論。

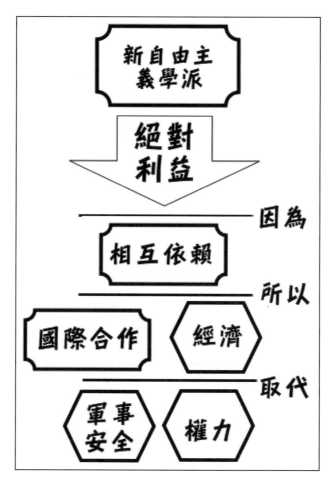

圖 1.4　新自由主義學派理論圖解

1-5　建構主義學派（Constructivism）

　　建構主義學派將文化、規範、信念、意識形態等非物質觀念因素與軍事、經濟等物質因素等量齊觀。其所謂建構，係謂行為者與環境經由相互影響的過程與結果。故建構主義學派主張透過客觀的物質與主觀的

非物質相結合，才能建構「認同」（identity），方能產生真正的影響力。
在建構主義學派看來，所謂國家利益對多數國家而言，並不會一致，因
為各個國家的認同會有差異，故所謂軍事安全，絕非所有國家都想一致
追求者。例如歐盟對於美俄兩國的認同有異，故歐盟對美國的軍事安全
顧慮，絕對低於對俄羅斯許多。同樣的，美國、歐盟、日本、澳洲、紐
西蘭對中國大陸的資安顧慮，亦是來自與中國大陸之間的認同差異太大
所致。甚至同樣是面對國際政治的無政府狀態，多數國家也會因「認
同」而產生對待敵人的霍布斯式文化（Hobbesian Culture）、對待競爭對
手的洛克式文化（Lockean Culture）與對待朋友的康德式文化（Kantian
Culture）等 3 種國際關係結構。由此觀之，建構主義學派對於國際政治
及國際關係的解釋，相對於其他學派，無疑技高一籌。

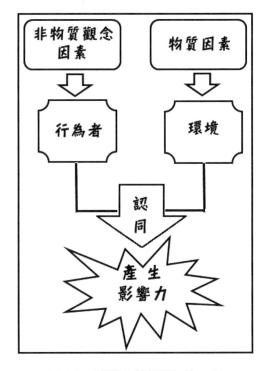

圖 1.5　建構主義學派理論圖解

 1-6　全球主義學派（Globalism）

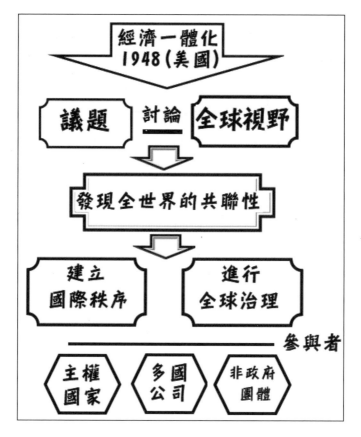

圖 1.6　全球主義學派理論圖解

　　全球主義學派提倡全球化概念的意識形態，主張任何議題必須以全球視野來進行討論。此派學者支持增強全世界的共聯性（interconnectedness），並試圖建立某種國際政治秩序來適應這種共聯性。他們關心的面向，一言以蔽之，就是全球治理，意謂當他們在倡導移民、自由貿易、關稅或干預主義時，皆是要求以全球治理的概念為

之,並呼籲突破國家為管理國際政治的行為主體之窠臼。全球主義學派
之學說,應是濫觴於 1948 年風行於美國的「經濟一體化」(Economic
Integration)之觀念。美國從二戰後依賴全球主義獲取許多利益,未料最
終亦因此種主義而致經濟日益蕭條。因此,現在美國執政當局攻擊全球
主義不遺餘力,雖然仍有擁護該主義者為之辯護,表示全球主義不會影
響美國主權,卻是非常微弱的聲音。

MEMO

認識國際格局

　　要了解國際關係，並且是正確的國際關係，首先要對國際格局有基本認識。為何要認識國際格局？因為國際格局會影響並約制某個時期的國際秩序。國際秩序是國與國之間處理事務的準則及行為規範，當國際格局發生變化，國際秩序也將隨之變化，國與國之間的關係也會受到影響而產生變化。

2-1　從多極到兩極

　　以二戰為分界點，二戰之前，國際格局呈現多極狀態；二戰之後，國際格局則呈現二極狀態。二戰之前，歐洲的世界中心地位雖已開始動搖，英國、法國與德國仍為歐洲霸權，美國實力亦不容忽視，蘇聯（Soviet Union）雄踞一方，日本則獨強於亞洲，這就是二戰前多極呈現的國際格局。二戰之後，由於歐洲為世界中心的地位已成為歷史陳迹，代之而起的是美國與蘇聯的兩極對峙格局。這個格局，來自二戰後期羅斯福、史達林與邱吉爾建構而成的雅爾達體系（Yalta system）。

圖 2.1　雅爾達會議三巨頭邱吉爾、羅斯福、史達林。會議地點在今克里米亞半島

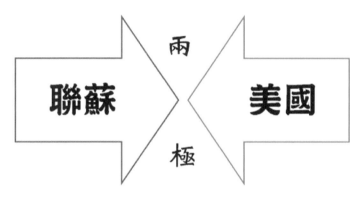

圖 2.2　二戰前後，國際格局由多極轉為兩極

　　在兩極格局中，以美國為首的自由世界與以蘇聯為首的共產世界進行長期的政治對抗。美國領導的北大西洋公約組織（National Atlantic Treaty Organization, NATO）與蘇聯領導的華沙公約組織（Treaty of Friendship, Co-operation, and Mutual Assistance, WarPac）兩大組織，不但是分別代表資本主義與社會主義的陣營，更擁有大量足以相互毀滅的核武器。然而雙方卻從未正式交戰，故此種兩極對峙的狀態，稱為冷戰（cold war）。

2-2　從兩極到單極

不過，冷戰至 1991 年即宣告終止，因為蘇聯在這一年解體，全世界只賸美國獨強。國際格局進入單極狀態，但在此之前的兩極狀態中，固然因兩極狀態的不對稱性與不完全性，早已埋下美國成為「獨強」與「一超」的種子。然而，多極的國際格局亦已正在醞釀之中。正如美國總統尼克森（Richard Milhous Nixon, January 9, 1913 – April 22, 1994）在 1971 年 7 月 6 日於堪薩斯城（Kansas city）的演講裡所云，從經濟角度觀之，美國不再是世界第一；從經濟條件與經濟實力作為思索的要件，今日世界有五個權力中心。這些權力中心分別是美國、西歐（Western Europe）、蘇聯、中國大陸（Mainland China）與日本。鄧小平在 1990 年時亦對國際的多極格局，有如此說法：「美蘇壟斷一切的情況正在變化。世界格局將來是三極也好，四極也好，五極也好，蘇聯總還是多極中的一個，不管它怎麼削弱，甚至有幾個加盟共和國退出去，所謂多極，中國算一極。中國不要貶低自己，怎麼樣也算一極。」

1991 年後，兩極冷戰格局終結，蘇聯解體，美國成為單一超強大國，尤其在海灣戰爭（Gulf War）與科索沃戰爭（Kosovo War）的勝利與經濟的成長，使其在上世紀 90 年代，越發顯現其單極獨強力量。因此，有學者為此提出了「霸權穩定理論」（The Theory of Hegemonic Stability），認為美國獨強的單極格局將持續好幾十年，並將對維護世界秩序產生極大作用，故「後冷戰時代」（post-cold war era），對這些學者而言，亦可謂之「美國治下的和平時代」（Pax Americana）。不過，這種說法恐與事實有所出入，因為從上世紀 90 年代以來，美國霸權仍然遭遇到諸多挑戰，這些挑戰多來自非其盟邦的大國。這些挑戰的目標相當清楚，就是要對美國霸權實施制衡。因此，這些挑戰使美國獨霸的單極國際格局，呈現極不穩定的狀態。

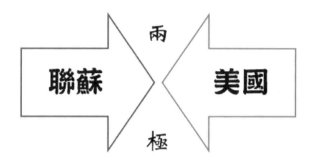

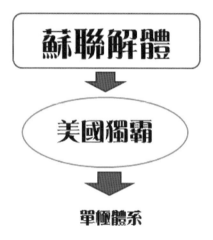

圖 2.3　蘇聯解體後，美國獨強，國際格局轉為單極

2-3　單極之中的多極現象

對於單極體系（Unipolar System），亦有學者主張應以「未來多極體系的過度階段」視之。實則美國於上世紀 90 年代擁有強大的經濟實力與軍事實力，各國無法匹敵，故至 911 事件為止，稱之為單極體系，殆無疑義。然 911 事件之後，國際格局則往相互依存的方向發展與轉變。因為在許多議題上，尤其是「反恐」（anti-terrorism）一項，美國必須與各國進行多邊合作。換言之，美國雖然超強，由於時勢的變化與美國的

需求，使得其他重要國家的影響力也日益增加，逐漸形成了「一超多強」（One Superpower and Many Powers）的國際格局。此外，基於「團結力量大」的認知，許多國家早就結盟為各種國際組織。除了各大洲中國家的結盟外，近年來又出現了具有戰略性質的跨洲際組織。其中最著名者，厥為以美國為主的「跨太平洋夥伴協定」（The Trans-Pacific Partnership, TPP）與以中國大陸為主的「區域全面經濟夥伴協定」（Regional Comprehensive Economic Partnership, RCEP）兩大組織。

美國前總統川普甫上任就宣布美國退出 TPP，後經日本首相安倍的努力與堅持，已經推動完成「沒有美國的 TPP」—《跨太平洋夥伴全面及進步協定》（The Comprehensive and Progressive Agreement for Trans-Pacific, Partnership, CPTPP），該協定的 11 國成員已經解決歧見，並於 2018 年 3 月 8 日在智利正式簽字，其規模比 TPP 小，但會員國仍盼美國能重新加入，並且期待能有更多國家加入。目前，美國尚未見加入跡象，但才剛剛脫離歐盟的英國卻於 2021 年 2 月 1 日向 CPTPP 提出加入申請。至於 RCEP，則已於 2019 年 11 月 4 日完成談判，雖印度宣布退出，其餘 15 國已於 2020 年 11 月 15 日由東協主席國越南召開的 RCEP 第四次領袖會議上，以視訊方式簽署協定。其後，只要東協 10 國中有 6 國以上完成批准，加上中、日、韓、澳、紐 5 國中有 3 國完成批准，該協定立即生效。一般認為，協定將於 2022 年正式生效。

此外，中國大陸早在 2015 年即成立了「亞洲基礎設施投資銀行」（The Asian Infrastructure Investment Band, AIIB），積極進行「絲綢之路經濟帶和 21 世紀海上絲綢之路（簡稱一帶一路）」（The Silk Road Economic Belt and the 21st Century Maritime Silk Road）的經濟戰略，至 2021 年 12 月 28 日止，成員已達 105 國。

　　再者，有鑑於中國大陸的持續崛起，美國遠在歐巴馬總統時期，即已提出「亞太再平衡」（The Rebalance of Asian-Pacific）戰略，川普總統時期又提出了「印太戰略」（Indo-Pacific Strategy），至今拜登就任總統，又繼承川普政府遺緒，持續進行以美澳日印為主的「四方安全對話」（The Quad），企圖在印太地區成形成「亞洲小北約」（Small Asian NATO）以壓制或對抗中國大陸。

　　在距離拜登就職日尚有 22 日之際，歐盟竟於 2020 年 12 月 30 日與中國大陸簽署了《全面投資協定》（The Comprehensive Agreement on Investment, CAI）。雖然在簽署之前，美國內定的安全顧問蘇利文（Jake Sullivan）於 2020 年 12 月 18 日推文表示「拜登—賀錦麗政府歡迎與我們的歐洲伙伴磋商，儘早討論我們對中國經濟行為的共同擔憂。」（The Biden-Harris administration would welcome early consultations with our European partners on our common concerns about China's economic practices.）但歐盟仍於 12 日後與中國大陸簽署協定，除表現了歐盟對美國的不信任外，其與中國的交涉之道則與未來必然有所不同於美國。

　　由此觀之，現今的國際格局除雖仍處「一超多強」的結構，但已有往美國虛構的「兩極多強」的方向發展，即「一超」的美國為壓制或對抗中國的崛起，從川普政府時代便開始將國際局勢往冷戰時期回推，企圖將中國大陸蘇聯化（Sovietization），但時至今日，美國自身已無冷戰時期呼風喚雨之能力，此從拜登上臺後強調「結盟」的外交政策，即可見其一斑。因為若無法與友邦結盟，即使拜登本人不追隨川普政府全面抗中的做法，但川普政府虛構的「兩極多強」格局依舊陰魂不散，抗中仍然成為拜登政府必須同意的觀點與執行的政策，然從其盟邦對其順從態度不同於已往這點來看，這個「一超多強」格局的結構，在美國與中國大陸的縱橫捭闔之中，與往昔相較，已逐漸有所變化。

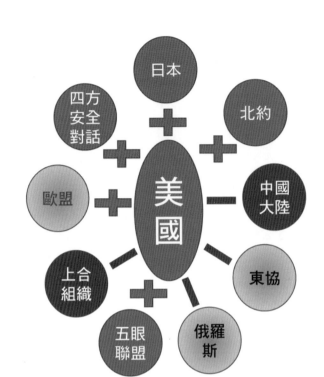

圖 2.4　"＋"為與美國的聯盟，"－"為美國的競爭對手

2-4　一超多強的競合關係

　　競合者，競爭與合作之謂也。除非是零和博弈（zero-sum game），各國之間皆是競合關係。美國與中國大陸在川普執政前期，也是處於競合關係，但從貿易戰、科技戰及新冠肺炎肆虐美國後，逐漸進入零和博弈的局面。不過，拜登總統在 2021 年 2 月接受 CBS 專訪表示：「美國不須要與中國衝突，但要進行極為激烈的競爭。」（We need not have a conflict but there is going to be extreme competition.）然而，他也強調他將與盟國更加緊密地合作（would work more closely with allies），以對中國大陸發動反擊。即使如此，面對這樣一位 most serious competitor，他

在國務院的演說裡依然說道:「為了美國的利益,我們也準備與北京合作。」(We're also ready to work with Beijing when it's in America's interest to do so.)由此觀之,「我不會像川普那樣做」此話並非虛言。因為他除了表示美國將專注於國際規則外,還強調將「從實力位置」(from the position of strength)與中國競爭,而這個位置之取得乃由「將國內重建得更好」(building back at home)及「與我們的盟國和伙伴合作」(working with our allies and partners)。其實,明眼人一聽拜登之言,就知道他在修正川普政策,但仍遵循美國長久以來的「樹立假想敵」生存之道。

樹立「假想敵」(opposing force, or enemy force),一直是美國經略世界的手段,而打擊假想敵的策略,就是聯合與假想敵敵對的國家或組織,以進行圍堵(containment)或抵制(boycott)。必要時,甚至可以與仇敵國家或組織進行和解,以達成圍堵與抵制的目的。如二戰結束後,蘇聯成為其假想敵。為打擊此假想敵,美國不但成立了北大西洋公約組織(North Atlantic Treaty Organization, NATO),與歐美友邦結盟以對付敵對的華沙公約組織(Warsaw Pact)。在亞洲,除了與日本、南韓、菲律賓、新加坡、臺灣等友邦結盟外,更在 1970 年代採取「聯中制俄」(Engaging China to Counter the Threat from the Soviet Union)的策略,與韓戰的仇敵—中國大陸,進行關係正常化,以共同制衡蘇聯。豈料在蘇聯解體(the breakup of the USSR)後,中國大陸不但失去了「制俄」的價值,竟也成了假想敵。從柯林頓總統以降,美國即開始做出一些對中國大陸不友好的舉措,歷經小布希政府,來到歐巴馬總統時代,最明顯與最具規模的制中行動終於出臺,他不但宣布「重返亞太」或「亞太再平衡」的戰略,而且積極推動 TPP,更充分支持日本解禁集體自衛權,甚至呼應日本的「尖閣群島國有化」的作為,並強烈抨擊中國大陸在南海的填海造陸行動,不惜鼓勵菲律賓至海牙常設仲裁法院

（Permanent Court of Arbitration, PCA）提出針對中國大陸的「南海仲裁案」（South China Sea arbitration），凡此舉措，劍指中國大陸的意圖，十分明顯。雖然從 2017 年 1 月 20 日川普總統上臺後，宣布美國退出 TPP，並與中國大陸修好以壓制北韓的核武發展，但在川普未就任總統前，由於他的友俄態度，使美國將進行「聯俄制中」（Engaging Russia to Counter the Threat from China）的新外交策略甚囂塵上。其後，美國新聞界與反對黨的意識型態對其友俄態度展開懷疑與攻擊，使其陷入「通俄門」（Russiagate, Kremlingate）的窘境而無法遂行前述新外交策略。儘管如此，「制中」仍然成為川普政府的重要戰略。除了川普訪問亞洲揭示的「印太戰略」，被視為「亞太再平衡」戰略的翻版外，美軍仍然執行歐巴馬總統時代強烈主張的「自由航行權」（Freedom of navigation, FON），持續巡弋南海，並鼓勵南海的主權申索國持續與中國大陸對抗。從 2017 年底開始，美國參眾兩院民主、共和兩黨即同仇敵愾，通過了許多友臺法案，其用此以利川普政府藉此作為手中籌碼以要脅中國大陸之意圖，甚為明顯。

雖然美中關係在 2017 年 4 月 7 日習近平訪美時，曾令人感覺有和解現象，川普於白宮接受訪問時，還表示與習近平氣味（chemistry）相投，因為習近平表示要幫助美國處理有關北韓的事，孰料其後北韓依然故我，持續發射導彈，毫不示弱。川普在發現中國大陸幾乎是鐵板一塊，無有合作餘地，且在修斯底德陷阱（Thucydides Trap）心態作祟下，便發動了貿易戰與科技戰，兩國關係開始走向低盪。緊接著 2019 年 6 月發生於香港的「反對《逃犯條例》修訂草案運動」（Anti-Extradition Law Amendment Bill Movement），便充斥著美國的影子。從抗爭人群高舉的星條旗和來自美國國務院與國會的大力支持，不難看出美國對這個運動的介入之深。此外，美國參眾兩院其後亦通過《香港人權與民主法》（Hong Kong Human Rights and Democracy Act）、《限制向

香港出口催淚彈和人群控制技術法》（Placing Restrictions on Teargas Exports and Crowd-control Technology to Hong Kong Act）以表現對此運動之支持，其抗中之心昭然若揭矣。

另外，有關「新疆再教育營」（Xinjiang re-education camps）事件，亦讓川普政府再找到一個抗中支撐點。此事件與香港反送中事件及「香港國安法」（Hong Kong national security law）一樣，皆深受包括美國在內的「五眼聯盟」（Five Eyes, FEVY）及歐盟的關切與譴責，美國前國務卿龐佩奧（Mike Pompeo）更稱「新疆再教育營」是中國大陸政府在新疆實施的「種族滅絕」（genocide）行為，從政府到國會對「新疆再教育營」與相關人員應進行立法與制裁工作。雖然美國政府已改朝換代，然而拜登政府對於此事件的觀點，仍與前朝無異。

再者，從 2020 年新冠肺炎肆虐全球後，美國受害尤重，其確診人數與死亡人數皆為世界第一，對川普政府打擊甚重，使其反中、抗中之心更加熾烈，遂全拋與中國大陸的競合之心，轉而進行全面對抗，索性大打臺灣牌，不但大舉向臺灣販售武器，更派遣衛生部長、國務次卿訪臺，企圖激怒中國大陸。在川普競選連任失利之後，龐佩奧又宣布將派遣美國駐聯合國代表訪臺（未果），並宣稱「臺灣已經不是中國的一部分。」（Taiwan has not been a part of China.）其後，更取消美國對台灣的接觸限制。凡此，臺灣政府雖表歡迎，但隨著川普政府人去政息，拜登政府是否接續執行，尚在未定之天。

目前，由拜登的國務院演講及接受 CBS 的訪問中，可知美國急欲擺脫川普的作為（Trump approach），而回到與中國大陸競合的道路上。但「聯盟以制中」，乃其競合之法門，加上拜登政府官員的反中、抗中之心仍熾，如現任國務卿布林肯（Antony John Blinken）對參議員表示：「川普對中國大陸採取較為強硬手段是正確的。」（Trump was right in taking a tougher approach to China.）他更在 twitter 推文表示：「在我與北

京的對手楊潔篪的電話裡，我清楚表達，美國將捍衛我們的國家利益，支持我們的民主價值，而且認為北京應對其濫用國際制度負責任。」（In my call with my counterpart in Beijing, Yang Jiechi, I made clear the U.S. will defend our national interests, stand up for our democratic values, and hold Beijing accountable for its abuses of the international system.）據悉，在另一通所謂緊張的電話（tense call）裡，布林肯也告訴楊潔篪，美國認為中國應對其行動負責，特別像它看待臺灣的態度。他也要求北京譴責最近發生在緬甸的軍事政變。由此觀之，無論是延續川普對中國大陸的強硬手段或牽步其核心利益的臺灣問題，甚至是迫其違反不干涉他國內政及犧牲地緣政治利益的要求，都可能使美國無法與中國大陸「相向而行」。故拜登政府是否能與中國大陸回到競合的道路上，著實令人懷疑，美國終將走上與盟國與伙伴合作以對中國大陸進行激烈的競爭，但其效果如何，且讓世人拭目以待。

　　俄羅斯之於美國，亦復如此。由於俄羅斯為前蘇聯的最大遺緒，美國自然會繼續視其為假想敵。在 2014 年烏克蘭危機之前，從 1999 年北約轟炸南斯拉夫開始，美國即以北約東擴的方式壓迫俄羅斯，原屬華沙公約及前蘇聯的國家從 1999 年開始，紛紛加入北約。這些國家包括：捷克、匈牙利、波蘭（1999 年加入）、愛沙尼亞、拉脫維亞、立陶宛、斯洛伐克、斯洛維尼亞、保加利亞、羅馬尼亞（2004 年加入）、阿爾巴尼亞、克羅埃西亞（2009 年加入）、蒙特內哥羅（2017 年加入）。亦由於北約東擴的緣故，終於逼使烏克蘭於 2014 年爆發了俄羅斯干涉的危機。試想若烏克蘭亦加入北約，則北約將兵臨城下，俄羅斯則無屏障可言。故俄羅斯必須利用手中籌碼來自我防護，故它不但出兵烏克蘭，並鼓動親俄的烏東地區與基輔政權對抗外，亦兼併了烏國領土克里米亞，使烏克蘭的國內亂局延續至今，從而逼使美國與歐盟聯手制裁俄羅斯，不但對其實施經濟制裁至今，亦拒絕普丁總統參加 G8 峰會到目前。然

而美國與歐盟對俄羅斯亦有所忌憚，故即使烏克蘭國會已於 2014 年 12 月 23 日通過了「廢除烏克蘭為不結盟國家的地位」議案，至今亦仍未加入北約或歐盟。然而，俄羅斯亦並未因遭受制裁而心生畏懼，它不但在中東支持伊朗與敘利亞等反美國家，幫助敘利亞政府攻擊美國與歐盟支持的叛軍外，更在 2016 年涉嫌干預美國大選，暗助川普選上總統，卻使川普陷入「通俄門」的泥淖之中，更引發美國國會對其仇視與反彈，於是乎在 2017 年 7 月 28 日由參議院通過對俄羅斯、伊朗及北韓祭出嚴厲經濟制裁的新措施，然而普丁亦不甘示弱，先下手為強，於 30 日立刻下令驅逐 755 名美國駐俄外交人員以回應美國的制裁案。川普儘管表示本案嚴重瑕疵（The bill remains seriously flawed），卻不得不以「為了美國的團結」（for the sake of national unity）為理由，於 8 月 2 日簽署了制裁案。從此，通俄門就像緊箍咒一樣，糾纏著川普不放，使美俄兩國的關係持續緊繃與冷和。直到 2017 年 12 月 18 日，美國遂將俄羅斯與中國大陸並稱為「修正型強權」（revisionist powers），繼續指控俄羅斯與敘利亞的作為，並揚言指出「普丁主導下的俄羅斯間諜行動已達冷戰程度。」（Russian espionage under Vladimir Putin had reached Cold War levels.）

由於美國聯合歐盟與日本以壓制俄羅斯與中國大陸的戰略，至今猶未改變。就如現任美國總統拜登在競選時期就將俄羅斯稱為「對美國安全的最大威脅」（"biggest threat" to US Security），就職後又認定「俄羅斯具有危害與擾亂我們民主的決心」（the determination of Russia to damage and disrupt our democracy）。如此一來，將逼使俄羅斯更加與中國大陸結盟以因應之。實則俄羅斯與中國大陸結盟之心相當堅定，即使在美國「聯俄制中」之說甚囂塵上時，普丁亦不斷強調俄中兩國關係友好，絲毫不為所動，對於中國大陸的一帶一路倡議亦大表支持。2018 年期間，俄羅斯主導的歐亞經濟聯盟（Eurasian Economic Union）即已表

達與一帶一路倡議對接的興趣。2020 年 12 月 11 日，普丁又在該聯盟的經濟委員會最高理事會上，對該聯盟與一帶一路倡議的對接給予極高的肯定。其實早在 2017 年年底，俄羅斯既已鼓勵中國大陸參加「北極能源計畫」（Artic Energy Projects），中國大陸也對此計畫大加讚揚，認為可以將其納入一帶一路倡議，並將北海航線稱為「冰絲路」（the Ice Silk Road）。由此觀之，俄中的緊密結盟，在美國與其盟國、伙伴與組織依然虎視眈眈之際，將是後市可期，不易產生變化。

同樣的，在美國陣線這一邊，五眼聯盟依然是鐵板一塊，尤其在拜登上臺後，強調多邊主義的外交政策，則此聯盟的五國關係將更加緊密。唯歐盟則深受川普政權單邊主義外交政策之害，與美國結盟的信心似有所不足。至於亞洲國家對於美國的友好態度，顯然受制於自身利益。如東協十國，除越南與中國具有南海之爭的利益矛盾外，其餘九國皆不願破壞與中國之關係。至於印度，亦與中國有領土糾紛，雙方劍拔弩張，故目前採取親美反中路線。日本則依舊唯美國馬首是瞻，對中國大陸則採取既友中且鬥爭策略。韓國則親美態度則與日本一致，但以嫌惡日本，轉而採取較為友好的態度。目前值得注意之處，乃在拜登政府是否成持續川普政府的「四方安全對話」機制以擴大亞洲小北約的成員，完成印太戰略的理想，即以美國、澳洲、印度、日本為核心，與太平洋、印度洋地區及非洲等地國家合作，建構互惠互利的經貿圈，以制衡中國大陸的一帶一路倡議。尤其在新冠肺炎肆虐之後，雙方是否會利用疫苗進行外交戰，其結果的確耐人尋味，值得關注。

由上觀之，目前無論是在一超多強的國際格局之中，或是在兩極多強的美國虛構格局裡，各國之間，關係密切，互動頻繁，絕無可能單打獨鬥或各自經營，而是各自結盟以增加國際競合之實力，除五眼聯盟、越南、印度親美態度至為明顯外，其餘各國或組織，皆採取「首鼠兩端，利益優先」的競合手段，以遊走於中、美之間。然而兩大陣營之態

勢猶在,即五眼聯盟、日本、越南、印度同屬一方,中國大陸與俄羅斯屹立於另一邊。兩大聯盟縱橫捭闔,各種聯鎖反應於焉開展,對日後世局將產生或大或小的影響。

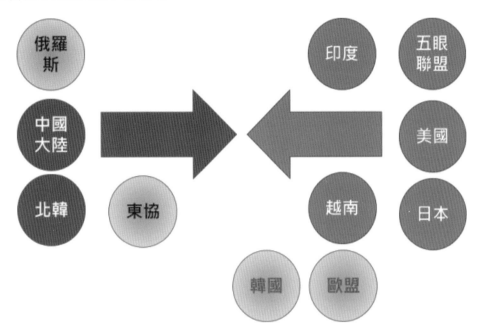

圖 2.5　美國自拜登總統上任後,以俄羅斯為威脅,中國大陸為挑戰,故兩國仍結盟以抗美國。日本與五眼聯盟仍是美國的忠實盟友,韓國雖親美但嫌日,故友中以抗日。印度與中國大陸有邊界糾紛,目前靠向美國。越南則因南海問題,往美國與日本方面傾斜。東協除越南外,大體站在中間而偏中國大陸。歐盟則選擇議題而親美友中,北韓則因恐懼美國與親中的傳統友誼,仍和中國大陸站在同一陣線。

問題與討論

1. 請寫出你對美國的認識。

2. 請寫出你對目前國際格局的看法。

認識今日衝突焦點

　　自有人類以來，即衝突不斷。隨著科技發展，武器之殺傷力越發強大。第一次世界大戰後，人類方恐慌於武器大規模摧毀生命之威力，未料第二次大戰又緊接發生，長崎與廣島之原爆，至今人類猶談之色變。故二戰後，立刻有聯合國（the United Nations, UN）之成立，目的即在以協商、談判代替戰爭，使人類永享和平之福祉。豈知戰亂仍頻，從韓戰以降，大小規模之戰爭，猶在各地方興未艾。然而，戰爭何來？曰：出於衝突。故有衝突之所在，或為戰爭之所在。放眼當今世界，衝突所在多有，然而能撼動世局者，唯在 5 個焦點，即耶路撒冷之爭、北韓核武之發展、南海危機、烏克蘭危機、新冠肺炎影響。蓋此 5 個焦點之中，皆有美國、俄羅斯、中國大陸與印度等大國扮演角色於其中，若一不謹慎，皆足以牽一髮而動全身，對整個世界具有難以估計的影響力。

 ## 3-1 　耶路撒冷之爭

　　2017 年 12 月 6 日，美國總統川普宣布，美國正式承認耶路撒冷為以色列首都，且計劃將美國駐以色列大使館從臺拉耶夫遷往耶路撒冷。此舉引發舉世譁然，因為這不但會激怒巴勒斯坦自治政府，對於伊斯蘭世界而言，這也是一項充滿敵意的訊號。即使是身為美國盟友的歐盟，亦大表反對。聯合國安理會與大會亦投票，表達譴責川普之意。

　　歐盟表示，歐盟所有成員國對耶路撒冷的議題意見一致，且重申他們對巴勒斯坦自治政府的承諾，即東耶路撒冷是巴勒斯坦自治政府的首都，他們不會將駐以色列的大使館搬到耶路撒冷，因為目前以色列與巴勒斯坦仍對耶路撒冷的最終狀態有所爭議。不過，歐盟的成員國中仍有雜音存在，如捷克總統米洛什・澤曼（Miloš Zeman），曾譏諷歐盟的反應乃屬「怯懦」（cowardly）；荷蘭的自由黨黨魁基爾特・威爾德斯（Geert Wilders）疾呼：「所有愛好自由的國家，應該把他們的大使館搬

到耶路撒冷。」奧地利的自由黨海因茨－克里斯蒂安・史特拉赫（Heinz-Christian Strache）也同樣表示，他希望將奧地利大使館搬到耶路撒冷。不過，這 3 個人的意見皆不足代表歐盟，因為他們都是右派政客，反伊斯蘭教的色彩濃厚，會表達這種意見，實不必有所訝異。況且，捷克政府最後也選擇與歐盟同步，表示它將不會追隨美國政府的主張與舉措。

聯合國安理會亦於 12 月 7 日召開討論此事，15 國中有 14 國投票表達譴責川普之意。12 月 21 日更召開大會討論大意為「維持耶路撒冷現狀」的決議案，在美國以「揚言中斷金援報復」的威脅下，仍開出了 128 張同意票，通過決議案，重申「耶路撒冷地位須經協商決定，任何逕行改變現狀的舉動都必須撤銷」的原則。更令人驚訝的是，針對決議案，北約有 25 個會員國投下了同意票。此外，此次會議只有 9 票反對，另有 35 票棄權，21 國缺席。

不過，美國畢竟是超級強權與聯合國安理會主要成員，不但否決了聯合國安理會的決議，其代表亦悍然表達不遵守決議案的態度。因此，無論是聯合國安理會或大會的投票結果，皆難以取得巴勒斯坦與伊斯蘭世界的信任。他們對川普的決定表達反對與憤怒，自不待言。但令人畏懼者，乃是接踵而至的暴亂，諸如：遊行示威、哈瑪斯用火箭攻擊以色列、聖戰士藉機生事、以色列反擊等事件。凡此種種，不但造成多人喪生，更擴大了以色列與巴勒斯坦及伊斯蘭世界的裂痕與仇恨，必將使未來的中東地區愈來愈動盪，愈來愈危險。

然而，此次危機卻有一令人矚目之事，乃是亞洲的 2 個伊斯蘭教國家竟然也參加反對川普的行列。印尼總統佐科・維多多（Joko Widodo）譴責川普的決定且要求美國重新思考這個決定。馬來西亞總理納吉布・拉薩克（Najib Razak）亦表示，他永遠強烈反對承認耶路撒冷為以色列

的首都。甚至在印尼的示威之中，竟然有教士出面呼籲眾人簽署請願書，要求大家抵制美國貨。

就在國際之間強烈反對川普承認耶路撒冷為以色列首都之際，向與美國不睦的伊朗政府竟然使出強烈的報復手段，於 12 月 27 日通過法案，承認耶路撒冷為巴勒斯坦的首都。

目前世界各地因此事而引起的紛爭已日漸平息，美國國務卿提勒森雖然表示至少 3 年後美國才會將大使館遷往耶路撒冷，但在 2018 年 1 月 18 日，白宮卻開會決定加速實施遷移計畫。2018 年 5 月 14 日美國果真如其先前宣布的遷館日期，將大使館從台拉耶夫遷至耶路撒冷並正式開幕，巴勒斯坦人果真群情激憤，起而抗議，暴發嚴重動亂，在以色列軍隊的鎮壓下，造成至少 58 人死亡與 2700 人受傷。巴勒斯坦人因此將 5 月 15 日定為民族的「災難日」（Nakaba Day），表示每年這一天都會對以色列發動示威。目前，各國駐以色列大使館只有美國、瓜地馬拉 2 國，巴拉圭則於 2018 年 9 月將大使館從耶路撒冷遷回台拉耶夫。2018 年 12 月，以色列宣布巴西將把大使館遷至耶路撒冷，澳洲則正式宣布承認西耶路撒冷為以色列首都。目前，巴西已於 2019 年 12 月 15 日於耶路撒冷設立貿易代表處，並承諾將於 2020 年將駐以色列使館遷至耶路撒冷。

此外，美國於 2019 年 3 月 25 日又承認戈蘭高地（Golan Heights）的主權屬於以色列。戈蘭高地原為敘利亞領土，在 1967 年第三次中東戰爭，被以色列奪取，並於 1981 年加以併吞，但不被國際承認。美國此舉當然又引發世界多數國家的嚴厲批評，包括其盟友與伊斯蘭國家的嚴厲批評，然而美國認為其決定是為以色列的安全著眼，又向全世界批評其為雙重標準的國家表示，以色列併吞戈蘭高地與俄羅斯併吞克里米亞不同，表示以色列併吞戈蘭高地，乃為阻止敘利亞的侵略；俄羅斯併吞克里米亞，係不遵守其與烏克蘭的協議的失信行為。

2021 年 1 月 28 日，川普又公布了一份新的中東和平計畫，表示這個計畫足以解決以色列與巴勒斯坦長年的衝突。其中提到允許巴勒斯坦建國，以及美國將提供 500 億美元資助的十年計畫外，並將於巴勒斯坦境內設立大使館。然而，巴勒斯坦與阿拉伯聯盟（Arab League）都認為這個計畫偏祖以色列，表明拒絕接受。

這項計畫主張以色列不但可以擁有約旦河西岸（West Bank）的屯墾區，更可以取得耶路薩冷的完整主權。它也主張巴勒斯坦建國後，未經以色列許可，無法擁有發展軍隊或軍事力量的權力。這種形同將巴勒斯坦成為以色列附庸國的屈辱條件，讓巴勒斯坦民眾完全無法接受，為此又走上街頭，以渲洩不滿情緒。

然而，川普政府並未因此死心，反而採取迂迴戰術，進行「亞伯拉罕協議」（Abraham Accords），用增進以色列與阿拉伯國家的「關係正常化」（normalization），而回過頭來逼使巴勒斯坦接受美國的計畫。在以色列與阿拉伯聯合大公國簽署和平協議以後，各國回應自然是正反並陳，但值得注意的是巴勒斯坦的回應，其總統馬哈茂德・阿巴斯（Mahmoud Abbas）表示，強烈拒絕和譴責此一協議，認為它是對巴勒斯坦人民的侵犯。與巴勒斯坦關係緊密的哈瑪斯組織的說法與伊朗如出一轍，亦表示這項協議是在巴勒斯坦人和穆斯林的背後捅刀子。

雖然亞伯拉罕協議到目前為止，已促成以色列與阿拉伯聯合大公國、巴林、蘇丹、摩洛哥四個國家簽訂了和平協議，但這都在川普政府時期執行完成。其實，這些協議表面是和平，其內裡卻是條件交換。其中最棘手的，就是與摩洛哥的交換條件—承認摩洛哥對西撒哈拉的主權，這對現任的拜登政權已造成極大困擾，因為到目前為止，並沒有任何西方國家承認摩洛哥對西撒哈拉擁有主權。至於拜登是否將持續執行亞伯拉罕協議，也是未定之天。據悉，拜登恐怕會捨亞伯拉罕協議，而專注解決以巴衝突與巴勒斯坦獨立建國問題。

3-2　北韓之核武發展

美國川普總統於 2018 年 1 月 31 日發表《國情咨文》（State of the Union address），說道：「北韓不計代價，發展核武，可能很快威脅到我們的國土。我們正施加極大壓力以阻止其發生。經驗告訴我們，自滿和妥協只會召來侵略與挑釁。我不會重蹈過去政府的錯誤，使我們陷入險境。我們只須看到北韓政權的墮落性格，就可了解它可能會帶給美國和我們友邦的核武威脅之本質。」(North Korea's reckless pursuit of nuclear missiles could very soon threaten our homeland. We are waging a campaign of MAXIMUM PRESSURE to prevent that from happening. Past experience has taught us that complacency and concessions only invite aggression and provocation. I will not repeat the mistakes of past Administrations that got us into this dangerous position. We need only look at the depraved character of the North Korean regime to understand the nature of the nuclear threat it could pose to America and our allies.)由此可見他對北韓發展核武，確實相當關心與恐懼。原因無他，因為依據北韓發展導彈與核武的現狀與計畫，其飛彈已經可以打到關島、夏威夷了。若不加以壓制，則在不久的將來，連舊金山與紐約皆會在其射程範圍了。

截至目前為止，北韓已發展出 4 種足以威脅美國領土的長程飛彈：蘆洞飛彈（1300KM）、舞水端飛彈（3600KM）、火星-12 飛彈（4500KM）、火星-14 飛彈（8000KM）。其中，舞水端飛彈已可打到離北韓 3400 KM 的關島（Guam），火星-14 飛彈則可打到離北韓 7400KM 的珍珠港（Pearl Harbor）。目前，KN-14 飛彈與 KN-08 飛彈正在發展中，前者射程為 10000KM，可以打到離北韓 9000KM 以外的舊金山（San Francisco）；後者射程為 11500KM，可以打到離北韓 10800KM 以外的紐約。由此可見川普的擔心絕非空穴來風。

其實，北韓發展核武已久，1986 年就在寧邊地區開始運作 500 萬瓦的核子反應爐，美國則從 1994 年起開始與北韓簽署禁核相關協議，但成效均不彰。直到 2003 年召開六方會談（Six-party talks），美國企圖拉進中國、俄羅斯、日本、南韓來共同壓制北韓的核武發展，卻始終不得要領，一直到川普上臺之前，得到的只是北韓的「藉機圖利」與「緩兵之計」。由於北韓始終不放棄發展核武，且科技又日新月異，韓國政府為有所因應，於 2016 年 1 月份由總統朴槿惠宣布，將引進薩德飛彈防禦系統（Terminal High Altitude Area Defense, THAAD）。其後，歷經 2017 年 7 月 8 日美韓兩國正式宣布落實部署薩德反飛彈系統，至 2017 年 9 月 12 日布署完畢並進入作戰狀態到今天，一直遭遇中國的嚴重抗議，並祭出「限韓令」，讓韓國的對中貿易遭受嚴重損失。

其實，北韓的核武發展除了讓韓國要面對北韓的攻擊威脅外，還要遭受中國限韓令的壓迫，更要應付來自美國川普總統對北韓「文攻武嚇」的後果。然則，川普自上任以來與北韓的齟齬與衝突，北韓本身實難辭其咎。2016 年 11 月 8 日川普當選美國總統，北韓竟於 11 月 9 日透過官媒呼籲川普承認北韓擁有「核武國」的地位。11 月下旬，金正恩又寄信給川普，要求美國停止核威脅。其後，北韓繼續進行核試爆，引發川普的關切與不滿，除了譏諷北韓的核武能力不足外，還將責任推給中國，認為中國有能力壓制北韓的核武發展。未料事情的發展並未如川普預期。北韓仍舊試射導彈，繼續核子試爆，使得川普只能要求聯合國制裁北韓外，並在口頭上軟硬兼施，對北韓政府及金正恩實施「文攻武嚇」。不過，這些效果十分有限，除了讓美國遭受「狼來了」的譏諷外，亦讓世人看到了兩國領導人為對方互取綽號的奇景。川普稱金正恩為 rocket man，金正恩則罵川普為 dotard。

　　實則川普始終未對北韓動武，乃有其無奈之處，因為投鼠忌器。只要美國一動武，雖然可以擊敗北韓，但對於韓國而言，將遭受一場空前的浩劫。根據美韓日的兵棋推演結果顯示，若美朝爆發戰爭，美國將戰勝北韓，但南韓數以百萬計的民眾和近 3 萬駐韓美軍，都在北韓的飛彈與火砲攻擊範圍內，勢必傷亡慘重。故川普雖一再表示業已喪失歐巴馬總統強調的「戰略耐心」（strategy patience），並揚言要「斬首金正恩」（assassinate Kim Jong Un）與對北韓開戰，卻始終只聞樓梯響，不見人下來。以致事件發展至最後，似乎形成了對北韓較為有利的趨勢。

　　2018 年 1 月 1 日，金正恩發表元旦文告，除了繼續警告美國表示，核武的按鈕就在他的桌上，而且全美都在他們核武彈頭的攻擊範圍內。卻又向韓國伸出了橄欖枝，說北韓可能派出特使，與韓國討論參加平昌冬奧事宜。金正恩這種一正一反的態度，讓川普十分感冒。

　　對於金正恩的按鈕說，川普如此回答，他表示：「我也有一個核武按鈕，比他的還要大且更具威力，而且我的按鈕是真管用的。」（I too have a Nuclear Button, but it is a much bigger & more powerful one than his, and my Button works!）對於兩韓會談，他則在 2018 年 1 月 2 日的推特上酸言云：「制裁和『其他』壓力開始大大衝擊北韓，士兵冒死逃到南韓。火箭人現在首度要和南韓談。或許那是好消息，或許不是－讓我們再看下去。」（Sanctions and "other" pressures are beginning to have a big impact on North Korea. Soldiers are dangerously fleeing to South Korea. Rocket man now wants to talk South Korea for first time. Perhaps that is good news, perhaps not － we will see!）1 月 4 日卻一反先前態度，又在推特上稱讚兩韓會談，並把會談得以舉行的功勞歸給自己的強硬（firm）、堅強（strong）與美國對抗北韓的武力（mighty）。11 日，他又對韓國總統文在寅表示，在兩韓會談時，美國不會對北韓採取軍事行動。

　　雖然多數人對兩韓會談的前景不看好，但金正恩與文在寅卻在 2018 年 4 月 27 日簽署了《板門店宣言：朝鮮半島和平、繁榮與統一》，宣布朝鮮半島不再發生戰爭，更引世人注目的是，朝鮮半島的「無核化」將是雙方共同的目標。緊接著，在 2018 年 6 月 12 日，美國總統川普又與金正恩在新加坡聖陶沙舉行美國北韓高峰會，並簽署聯合聲明。在聲明中，北韓重申了 2018 年 4 月 27 日簽署的《板門店宣言》，承諾為實現朝鮮半島的無核化而努力。

　　於 2019 年 2 月 27 日及 28 日，川普與金正恩繼新加坡會面後，又在越南首都河內舉行會談，卻以破裂收場，未簽訂任何協議，但美朝雙方持續保持不往衝突方向發展的關係。故川普於 2019 年 6 月至日本大阪舉行的 20 國集團（20G）峰會後訪問韓國，並於 6 月 30 日至板門店與金正恩握手問好，又偕至韓國境內的自由之家舉行會談。但時至 2019 年 12 月底，金正恩竟宣布廢止暫停核子及洲際彈道飛彈測試的承諾，並宣稱推出新型戰略性武器。不過，美國的態度卻十分低調，只強調如果北韓違約，會令人失望，他們相信金正恩會遵守承諾。然而據路透社 2021 年 2 月 8 日報導，聯合國有一份機密報告，透露北韓在 2020 年持續發展核武及彈導飛彈計畫，這從北韓在 2021 年 1 月 14 日舉行之閱兵典禮可以看出端倪，儘管它在 2020 年未曾進行核子或彈道飛彈測試。

　　果不其然，北韓在 2021 年又試射了一枚名為「火星-8」高超音速飛彈。進入 2022 年後，迄今又試射了 7 次飛彈，引發了美國、日本、南韓的同聲譴責，因為這些飛彈較之昔前升級許多，威力更大。不過，美國拜登政府雖然譴責，但認為北韓的目的有二，其一只為吸引世界主要大國的關注；其二，乃欲引發南韓與之進行武器競賽，故並未採取任何積極態度，與川普政府對北韓的介入態度大相逕庭。

　　現任美國總統拜登上任時與日本當時首相菅義偉通話時，重申美國對於朝鮮半島無核化的政策未變，同時他在競選時也曾強調會要求中國

大陸幫忙，一同促進北韓往此方向發展。不過，有鑑於川普政府與中國大陸合作失敗，拜登可能會另闢途徑。國務卿布林肯表示，美國可能會與盟國協調對北韓進行制裁，或者以鼓勵代替制裁以爭取北韓放棄核武。然而，這兩種方法，美國早已使用過，迄今未達到任何成果。故不得不令人憂心，美國是否會改採更強硬手段，是否會引發衝突或戰爭？難怪美國智庫「外交關係協會」會將北韓核武發展列為亞太地區四大衝突點之一。

3-3　南海危機

南海俗稱南中國海，從上世紀 60 或 70 年代開始，由於某些國家提出主權聲索，便開始產生領土爭端。加上南海的資源蘊藏豐富，各申索國乃藉由爭奪該地區主權，以取得資源開採權。為了暫時平息爭端，除中華民國外，南海各聲索國於 2002 年皆簽署了《南海各方行為宣言》（Declaration on the Conduct of Parties in the South China Sea, DOC），以節制各方行為，但宣言內容卻未涉及主權爭議。

然自 2010 年美國歐巴馬政權展開重返亞太戰略後，即開始強烈干涉南海事務。美國主張所謂南海諸島皆係礁石，諸聲索國不得擁有主權，相關權力須以協商解決，並由國際機構仲裁之，更主張航行自由權及禁止於該地從事任何軍事化行動。2013 年菲律賓在美國的支持下，以中國大陸在南中國海（菲律賓稱西菲律賓海）有關「九段線」主張及其執法與填海造陸活動違反了《聯合國海洋法公約》（United Nations Convention on the Law of the Sea, UNCLOS）為由，向荷蘭海牙國際常設仲裁法庭（Permanent Court of Arbitration）提出了南海仲裁案（South China Sea Arbitration）。2016 年 7 月 12 日，仲裁庭公布仲裁結果，支持菲律賓全部訴求。仲裁庭聲稱依據《聯合國海洋法公約》，「九段線」的

歷史性權利並不合法，因與《聯合國海洋公約》規定不符；並認定中國大陸在南海大規模的填海造島（large-scale land reclamation and construction of artificial islands），不符合一個國家在爭端解決程式中的義務（was incompatible with the obligations on a State during dispute resolution proceedings），且指責中國大陸對海洋環境已造成不可復原的傷害（has inflicted irreparable harm to the marine environment）。但中國大陸並不承認此仲裁結果，菲律賓亦將姿態擺得很低。至今為止，此仲裁尚停留在「具有約束力，但無執行力」的階段。

　　美國當然不肯就此罷休，在川普政府前中期，對中國大陸在南海的作為，除持續進行自由航行權外，有時也會提高分貝發出批評，並做出抗議動作。不過，一直到 2020 年 7 月 13 日，才由龐佩奧首次就南海主權爭議公開表明反對中國的立場，不但正式認定中國大陸對於南海主張為非法。並強調中國大陸未能為南海「九段線」主張提出清楚法律依據，世界不會允許北京將南海當成自家海上帝國。他更進一步呼籲，凡認為南海主權主張遭到中國大陸侵犯的國家，美國將給予支持，但他暗示美國將以外交而非軍事手段支持。話雖如此，美國船艦仍頻繁進出南海，除了進行自由航行權外，向中國大陸大秀軍事肌肉的意圖相當明顯。7 月 23 日，五眼聯盟的成員澳洲，也向聯合國提交相關南海聲明，並表示：澳洲政府反對任何與 1982 年《聯合國海洋法公約》相牴觸的中國主權主張，澳洲聲明反對中國對南海主權的歷史依據，稱根據 2016 年的南海仲裁案，這樣的歷史依據不符合海洋法國際公約，其主張是「無效的」。其實，美國與澳洲對中國大陸南海主張與作為的聲明，乃接續 2020 年 6 月東協高峰會之聯合聲明而來，該聲明強調所有在南海活動的國家，都應遵守 1982 年通過的《聯合國海洋法公約》，強調非軍事化與自我約束的重要性，萬一有衝突時，亦必須依照包括 1982 年《聯合國海洋法公約》在內的國際公認原則，尋求和平解決爭端，以增進互信和信心。

　　由於中國大陸在南海經略已久，自然不會有所退縮，龐佩奧聲明的用意，就是要將南海問題推到美中對峙的最前沿以引發衝突。雖然他表示要以外交手段支持遭中國大陸侵犯南海主權的國家，但以世界現狀觀之，美國的外交手段必然有所不足，故軍事壓迫或將成為必然手段，此從拜登上臺後即派出「羅斯福」號（USS Theodore Roosevelt）和「尼米茲」號（USS Nimitz）兩個美國航母打擊群同時在南海活動觀之，即可見其端倪。此舉當然會引發中國大陸抗議，但美國斷無可能因此改變在南海展現軍事能力的作法，是以雙方對峙形勢必然漸次升高，若不細心處理，軍事衝突將是極難避免的結果。

　　2021 年的南海成了「四方安全對話」成員國（美國、日本、澳洲、印度）、英國、法國、德國、加拿大的船艦、飛機巡行及演習的場域，其目的無非向中國展示軍事實力，也希望藉此嚇阻中國大陸武力犯台的計畫。美國、英國、澳洲更組成 AUKUS 軍事同盟，幫助澳洲發展核動力潛艦，讓南海及台海更加充斥難以預測的戰爭因素。

 **3-4　烏克蘭危機**

（一）烏克蘭併入蘇聯的過程

　　烏克蘭又稱小俄羅斯，與俄羅斯、白俄羅斯皆承襲基輔羅斯（Kievan Rus'）文化。烏克蘭介於波蘭與俄羅斯之間，西烏克蘭與波蘭、匈牙利、羅馬尼亞毗鄰，東烏克蘭則連接俄羅斯，地理位置的差異，一直是造成烏克蘭分裂的重大原因。遠的不說，就從 1917 年十月革命爆發開始談起，沙皇俄國被推翻後，東烏克蘭地區旋即成立烏克蘭蘇維埃社會主義共和國。由此可見，西烏克蘭與東烏克蘭的確有所區別。其後，在 1918 年至 1920 年紅白俄內戰時期，西烏克蘭（東加利西亞和西沃倫）被波蘭占領。1922 年，蘇聯成立，烏克蘭蘇維埃社會主義

共和國加入聯盟,成為蘇聯的創始國之一。根據波蘭和俄羅斯蘇維埃聯邦社會主義共和國及東烏克蘭蘇維埃社會主義共和國在 1921 年簽訂的《里加條約》(Treaty of Riga),西烏克蘭成為波蘭領土。及至 1939 年 11 月,二戰爆發,波蘭被分割占領,西烏克蘭始與烏克蘭蘇維埃社會主義共和國合併。

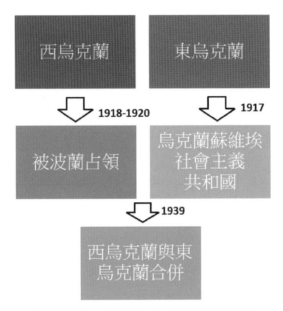

圖 3.1　東烏克蘭與西烏克蘭的演變簡圖

(二)烏克蘭政治傾向的東西差異

　　1990 年 7 月 16 日,烏克蘭蘇維埃社會主義共和國議會通過《烏克蘭國家主權宣言》。1991 年 8 月 24 日,烏克蘭蘇維埃社會主義共和國政府發表的國家獨立宣言,克拉夫丘克(Leonid Kravchuk)當選為總統。正式宣布脫離蘇聯獨立,改國名為烏克蘭,正式結束了 337 年和俄羅斯的結盟歷史,成為一個獨立國家。同年,12 月 8 日,烏克蘭、俄羅斯和白俄羅斯的領導人在明斯克(Minsk)簽署別洛韋日協定(Belavezha

Accords），宣布蘇聯不再存在，成立獨立國家國協，但東烏克蘭與西烏克蘭在政治傾向上，仍有很大差異。2004 年當選總統的維克托‧尤先科（Viktor Yushchenko），即是西烏克蘭政治傾向（親歐）的代表；2010 年當選總統的維克托‧亞努科維奇（Viktor Yanukovych），乃為東烏克蘭政治傾向（親俄）的代表。

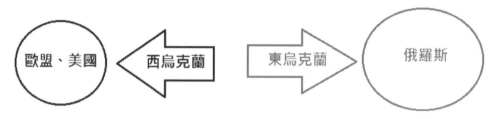

圖 3.2　東西烏克蘭各自有政治信仰，西烏親歐美，東烏親俄羅斯

（三）烏克蘭與俄羅斯的衝突

　　2013 年底，因亞努科維奇拒絕與歐盟簽署自由貿易協定，引爆烏克蘭政治危機，反對派發起大規模示威，要求亞努科維奇下臺，並提前舉辦大選。2014 年 1 月，亞努科維奇雖然向反對派做出讓步，但反對派仍然堅持親歐的主張，並逼走亞努科維奇。這個舉動對俄羅斯而言，是斷然無法忍受的。因為烏克蘭的親歐，代表歐盟與北約的東擴，若不予以反擊，俄羅斯就地緣政治考量，將遭遇莫大威脅。故開始利用烏克蘭的東西分歧，反擊親歐的基輔（Kiev）當局。首先，由克里米亞民兵組織先占領政治與軍事重要據點，在 2014 年 3 月透過公投宣布獨立後，又宣布加入俄羅斯聯邦。接著，烏東的頓內次克（Donetsk）、哈爾科夫（Kharkiv）、盧甘斯克（Luhansk）等地又宣布獨立。基輔當局雖屢屢舉兵討伐，雙方交戰頻仍，傷亡眾多。7 月 17 日，由阿姆斯特丹（Amsterdam）飛往吉隆坡（Kuala Lumpur）的馬來西亞航空 MH17 班機在頓內次克上空被 SA-11 導彈擊落，造成機上 298 人全部死亡，舉世

譁然，但烏克蘭政府軍、東部叛軍和俄羅斯政府均否認自己與襲擊有關，並持續交戰。至 9 月 5 日，烏克蘭政府和東烏克蘭武裝份子代表終在明斯克達成協議，簽下《明斯克協議》（Minsk Protocol），內容包括雙方停火。協議於當日 14:00（GMT）正式生效。但雙方仍持續交戰，至今仍未停歇。美國與歐盟聯手，拒絕俄羅斯總統普丁參加 G8 峰會，並決定延長對俄羅斯經濟制裁，加上油價下跌的打擊，俄羅斯的經濟更加嚴峻。然而，在此同時，烏克蘭國會又通過「廢除烏克蘭為不結盟國家的地位」議案，為其加入北約與歐盟作鋪路。

（四）烏克蘭之近況

自美國總統川普於 2017 年上任以來，烏克蘭形勢並未見改善。烏東地區獨立武裝力量依然與基輔政府纏鬥，俄羅斯仍然占領克里米亞半島。美國駐聯合國大使妮基・哈利(Nikki Haley)連續抨擊俄羅斯，指責俄羅斯占領克里米亞半島與支持烏東的獨立武裝力量是錯誤的行為。2017 年 8 月期間，美國政府甚至討論是否要提供烏克蘭致命性武器，但因怕衝突升級而作罷。同月 24 日，訪問烏克蘭的美國國防部長馬蒂斯除重申美國對烏克蘭的支持外，依然指責俄羅斯不遵守明克斯協議與併吞克里米亞半島等行為，揚言俄羅斯若不改善行為，美國將繼續給予制裁。但他只表示，美國將尋求外交方式來解決烏克蘭問題。未料，隔了一天，馬蒂斯卻表示，美國將積極考慮提供殺傷性防禦武器給烏克蘭。果不其然，到了 12 月 13 日，美國政府就通知國會，將允許軍火商出售殺傷性防禦武器給烏克蘭。此舉自然引發了莫斯科當局的憤怒，認為這只會造成更多的流血事件。未料美國不為所動，反而由美國國務卿提勒斯出面警告俄羅斯表示，烏克蘭問題若未處理好，將是美俄兩國外交的大障礙。到了 27 日，卻又出現了基輔政府與烏東獨立武裝力量之間的換俘行動。此次行動係由俄羅斯東正教大牧首調停而來，烏克蘭問題的解決，似乎出現了曙光。但是基輔政府還是對烏東地區耿耿於懷，除加

強用兵外，更在國會通過「頓巴斯重新一體化」法案，並指責俄羅斯為「侵略國」，此舉自然又引起俄羅斯抗議，表示烏克蘭國會這種做法，無異要為在烏東地區發動新的戰爭做準備。俄方甚至表示，烏克蘭國會這項決議與美國準備向烏克蘭提供殺傷性武器的時機相吻合，暗示烏克蘭有美國撐腰而做出不智的行為。截至 2018 年 2 月 3 日為止，據報載，烏克蘭當局表示，已有 3 名烏克蘭軍人在頓巴斯受傷，宣稱乃俄羅斯支持的武裝份子所為，並指責此種行為違反明斯克決議。其後，雙方仍衝突不斷。

其後，雙方仍衝突不斷，直至今日，俄烏兩國發生的大事，計有 3 件。第一件是烏克蘭東部主要的分離主義領袖札合成柯（Alexander Zakharchenko）於 2019 年 8 月 31 日在頓內次克被刺殺，引發俄方極大不滿。第二件是烏東的頓內次克與盧甘斯克兩個獨立地區於 2018 年 11 月 11 日舉行領導人和議員選舉，基輔當局除聲明不承認選舉結果外，還對頓巴斯衝突地區進行砲擊。第三件是俄羅斯海岸巡防隊於 2019 年 12 月 19 日開砲攔截途經刻赤海峽進入亞速海的烏克蘭艦艇，並俘虜 24 名烏克蘭水手，基輔政府除表示抗議外，並宣布在靠近俄羅斯的 10 個省分實施戒嚴 30 天。雙方劍拔弩張的態勢，仍持續進行與擴大中。至於烏東地區，形勢依然劍拔弩張，從 2021 年 2 月開始，雙方又產生衝突，政府軍有數名人員陣亡，至 4 月烏克蘭總統又強調西方應立刻同意烏克蘭加入北約。其實，俄羅斯早於 2021 年 3 月藉口烏東形勢緊張，又開始陳兵烏克蘭邊界，宣稱此乃烏克蘭以武力解決烏東頓巴斯問題所致，因為烏克蘭此舉將對俄羅斯的國家安全構成重大威脅。其後，俄羅斯於 2021 年 6 月撤回部分軍隊，緊張氣氛稍解。

　　然而，烏克蘭始終未放棄加入北約，雖然北約顧慮與俄羅斯的利害關係，遲遲不讓烏克蘭加入，卻給予「增加夥伴國地位」（Enhanced Opportunities Partner, EOP），並進行軍事交流與合作。再加上烏克蘭總統赴美，要求美國政府恢復對北溪二號的制裁，並繼續支持該國能加入北約。美國便與烏克蘭成立戰略夥伴委員會，並提供六千萬美元安全援助。這一切看在俄羅斯眼裡，無疑是北約東擴帶來的重大危機，必將採取攤牌行動，而增兵烏克蘭邊境以表達反對立場，對烏克蘭與北約展開極限施壓的舉措，故持續 2021 年 3 月以來的陳兵俄烏邊界舉動，即開始集結軍隊從白俄羅斯境內、烏東的頓巴斯地區和克里米亞半島三個方向步步進逼，包圍烏克蘭，使烏克蘭與俄羅斯及白俄羅斯的邊境，戰雲密布，一觸即發，並對美國及北約提出「北約爾後不得在莫斯科不同意的狀態下，向北約前蘇聯成員國駐軍、烏克蘭不許加入北約」的書面簽署承諾要求，遭到美國及北約的拒絕，但美國及北約仍表示希望各方持續進行談判，也警告俄羅斯切莫侵入烏克蘭，否則將會遭受美國毀滅性的金融與經濟制裁。不過，俄羅斯立即予以反擊，除切斷運補歐洲天然氣的部分油管外，普丁亦在內部會議裡表示，俄羅斯絕不退讓，必要時將動用武力解決北約東擴及烏克蘭問題。然於 2022 年 1 月 26 日，俄羅斯、烏克蘭與德國、法國在巴黎舉行諾曼地模式會談，烏俄雙方決定暫時停火，等待下一回合談判。截至 2 月 16 日，經法國總統與德國總統穿梭俄烏兩國展開外交協商後，似有進展，俄國宣布部分撤軍。

西烏克蘭人民親歐，引發亞努科維奇下臺流亡。

克里米亞宣布獨立後，併入烏克蘭。

頓內次克、哈爾科夫、盧甘斯克宣布獨立。

馬來西亞航空MH17班機在頓內次克上空遭導彈擊落，機上人員全部罹難，舉世譁然。

交戰雙方簽定明斯克協議後，仍持續交戰，至今未歇。

美國聯合歐盟，拒絕俄羅斯總統普丁參加G8高峰會，並決定延長對俄羅斯的經濟制裁。

烏克蘭國會通過「頓巴斯重新一體化」法案，稱俄羅斯為「侵略國」，戰事再起。

烏東分離主義領袖遭暗殺，引發俄方不滿。

烏東兩個獨立地區舉行大選，基輔政府表示不承認並砲擊頓巴斯地區。

俄羅斯俘虜烏克蘭艦艇及水手，基輔政府宣布靠近俄羅斯的省分戒嚴30天。

烏東衝突又起，澤連斯基要求北約接納烏克蘭為成員，並表示唯有如此，才是結束頓巴斯戰爭的不二法門。

俄羅斯重新大軍壓境俄烏邊境，向美國、北約施壓，不許烏克蘭加入北約及在前蘇聯加盟國內駐軍。

圖 3.3　烏俄衝突大事紀

 **3-5　新冠肺炎影響**

　　新冠肺炎大流行就像一陣濤天海嘯，衝上岸後在各地造成了比 1929 年全球大蕭條（the Depression）更加嚴重的災害。因為首當其衝的各國封城（lockdown）就是大蕭條時代未曾出現的景象。再者，為阻絕病毒蔓延的一種消極之道─戴口罩，亦為大蕭條時代所無。又如各國政府耗費巨額金錢投資研發疫苗以及各國搶購疫苗，也在大蕭條時代聞所未聞。

　　單就各國封城一事，就產生了民間與政府的對立和經濟的動亂，從而引發抗議浪潮、全球性衰退、恐慌性購買、供應鏈中斷、海運危機、貨物短缺、通貨膨脹、重要活動（如 2020 年奧運）之取消與推遲等現象。又如戴口罩一事所引發的政黨鬥爭與意識型態衝突，更令人匪夷所思。至於疫苗一事，亦掀起富國與窮國的對立，富國疫苗充足，打不勝打；窮國則一劑難求，苦等聯合國 COVAX 計畫的分配，繼續忍受新冠肺炎病毒的侵擾，竟成為病毒變種演化的溫床後，又使病毒侵入已充分接種疫苗的富國，將近平息的疫情又捲土重來，造成更大的染疫人數，使疫情沒完沒了，疫苗的接種需求從而再攀高峰，如此一來，窮國的疫苗供應更將遙遙無期，望穿秋水。疫情勢必惡性循環，不知伊於胡底。

　　此外，這次新冠肺炎大流行，因為開始出現於中國大陸武漢，致使西方國家將新冠肺炎大流行歸咎於中國大陸，從而反中立場與力道較之昔前更形強化，亦因此造成今日南海與臺灣海峽的軍備競賽，也激起歐美各國對華人與亞裔的歧視與仇視。雖然美國拜登政府不跟隨前川普政府對新冠肺炎的仇中稱呼，但歧視與仇視華人和亞裔的形勢已成，短時間勢必難以反轉。

　　除上所述，截至目前為止，新冠肺炎對全世界經濟發展最嚴重者，莫過於通貨膨脹、供應鏈中斷與海運危機三事。由於美國整體通貨膨脹

率到了 2021 年 12 月已衝到了 7%，創下四十年來的新高，核心物價指數也比去年同期高漲了 5.5%，也創下 31 年來的最大漲幅。此次通膨，咸信乃疫情打斷供應鏈及疫情影響海運所致。雖然樂觀人士表示，只要疫情中止，供應鏈及海運恢復正常，通膨將會很快中止，但事實發展並不容樂觀。因為疫情並不易中止，病毒一再演化，毒性雖減，傳染速度增快。原以為疫情將隨疫苗施打普及而終結，未料 Omicron 病毒竟從南非飛快傳入歐美而肆虐全球。由於 Omicron 的蔓延，使美國因疫情導致國內勞工大退潮的缺工，一時之間更難恢復；亦因疫情嚴峻，使得採取「清零」（zero-COVID）態度的中國大陸，將握在手中的全世界最大供應鏈搞得柔腸寸斷，加上春節休假與北京冬奧施加更為嚴格的防疫措施，讓全世界的供應鏈變得更加難解。此外，除了打斷供應鏈外，疫情也嚴重影響海運，因為疫情導致缺工的問題，也出現在美國與中國大陸的運輸業與碼頭運作，使得貨物在中美兩國的碼頭堆積如山，難以運出，海運價錢亦因此高漲，嚴重延誤商品到貨，對於通膨之災，如同雪上加霜，更加助長其肆虐。

問題與討論

1. 世界上還有哪些衝突焦點，本課尚未提及，請加以提出，並提出其衝突內容。

2. 「假想敵」有何作用？為何美國喜歡樹立假想敵，請道其詳。

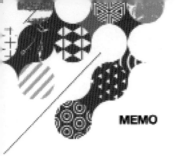

MEMO

認識國際區域聯盟

　　凡群居必然相互影響，其結果有二：其一為相互殺戮，其二為相互依賴。以人類趨吉避凶的天性而言，將取「相互依賴」而捨「相互殺戮」。國家亦然，凡地理位置接近之國家，為能相互依賴，甚至為能擴大影響力，常以區域為基礎組成區域聯盟（Regional alliance）。當今雖有聯合國作為全世界之聯盟，但其權力與影響力則操縱於安全理事會常任理事國手中，對其他國家而言，實無法全然遂行其相互依賴與擴大影響力之期望。故在聯合國或國際經貿組織（international economic and trade organizations）之外，各區域已然成立許多較為小型之區域聯盟，且在全球化（globalization）趨勢之下，多頭並進，頗能取代聯合國與國際經貿組織未易彰顯之功能，且頗能壓縮美國主導一切之空間。此種組織對全世界而言，不啻形成了某種另類的多極競逐的國際格局。

4-1　亞洲的區域聯盟

　　亞洲著名的區域聯盟有「東南亞國家協會」、「上海合作組織」。

　　東南亞國家協會（The Association of Southeast Asian Nations, ASEAN）簡稱「東協」，於 1967 年 8 月 8 日在曼谷成立，有五個創始會員國：印尼、馬來西亞、菲律賓、新加坡及泰國。其後，汶萊於 1984 年 1 月 8 日加入、越南於 1995 年 7 月 28 日加入、寮國和緬甸於 1997 年 7 月 23 日加入，柬埔寨於 1999 年 4 月 30 日加入，形成東協 10 國，持續至今。其宗旨和目標為：本著平等與合作精神，共同促進本地區的經濟增長、社會進步和文化發展，為建立一個繁榮、和平的東南亞國家共同體奠定基礎，以促進本地區的和平與穩定。近來，中國大陸、日本和南韓以貿易夥伴的身分加入東協，形成「東協＋3」，又稱「東協 10+3」。為了早日實現東南亞國家協會內部的經濟一體化，東協自由貿易區（ASEAN Free Trade Area, AFTA）於 2002 年 1 月 1 日正式啟動。自由貿易區的目標是實現區域內貿易的零關稅。汶萊、印度尼西亞、馬來西亞、菲律賓、新加坡和泰國 6 國已於 2002 年將大多數產品的關稅

降至 0－5%。越南、寮國、緬甸和柬埔寨 4 國則定於 2015 年實現這一
目標。

圖 4.1　東南亞國家協會會旗

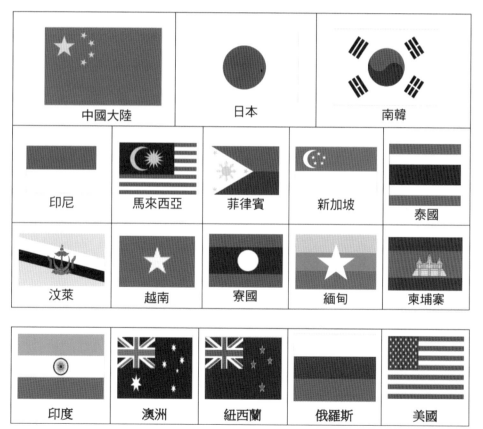

圖 4.2　東協有 10 國，＋3 即加入中國大陸、日本及南韓，若再加上印度、澳洲、紐
　　　西蘭、俄羅斯與美國等國，即構成「東亞峰會」

上海合作組織（The Shanghai Cooperation Organization, SCO）前身為上海五國集團（the Shanghai Five Grouping），此集團經由簽署「邊區深化軍事訓練條約」（Treaty on Deepening Military Trust in Border Regions）後，成立於上海，時間為 1996 年 4 月 26 日。

1997 年 4 月 24 日，五國又簽署了「邊區軍事武力削減條約」（Treaty on Reduction of Military Forces in Border Regions）。在杜向貝（Dushanbe）高峰會議上，五國成員同意「反對以『人道主義』及『保護人權』為藉口去干涉他國內政，以及支持相互之間所做的努力以捍衛五國的國家獨立、主權與社會穩定。」2001 年 6 月 15 日，五國又接受烏茲別克成為第 6 個會員國，並在上海成立上海合作組織，成員國為中國、俄羅斯、哈薩克斯坦、吉爾吉斯斯坦、塔吉克斯坦和烏茲別克斯坦。現有蒙古國、巴基斯坦、伊朗、印度、阿富汗 5 個觀察員國，對話夥伴國有白俄羅斯、斯里蘭卡和土耳其 3 個國家。2017 年 6 月 9 日，巴基斯坦、印度又加入，成員國增加為 8 國。觀察員國降為 4 國，分別為白俄羅斯、阿富汗、伊朗、蒙古。對話夥伴增加為 6 國，分別為亞美尼亞、亞塞拜然、柬埔寨、尼泊爾、斯里蘭卡、土耳其。其主要的活動有：安全合作、軍事行動（軍事合作、情報分享、反恐）、經濟合作。西方媒體觀察家認為，上合組織成立的初衷是要充當北約組織的抵銷力量，尤其是要避免衝突，以防堵美國的藉口干預。西方分析家也形容上合組織是中、俄聯手以穩定中亞形勢外，亦是兩國用以挑戰受西方支配的全球秩序之機制。其實單從杜向貝峰會的決議，其反美與反西方干預的氣氛，已然躍然紙上了。

圖 4.3　上海合作組織成員國囊括了中國、俄羅斯與中亞地區，成員國總面積為 3435.7
　　　萬平方公里，即歐亞大陸總面積的 3/5，人口約 30 億，為世界總人口的 43%

白俄羅斯

烏茲別克

俄羅斯

哈薩克

蒙古

吉爾吉斯

中國大陸

伊朗

土耳其

塔吉克

印度

阿富汗

巴基斯坦

斯里蘭卡

圖 4.4　中國大陸、俄羅斯、哈薩克斯坦、吉爾吉斯斯坦、塔吉克斯坦、烏茲別克斯坦、巴基斯坦和印度為會員國，白俄羅斯、蒙古、伊朗、阿富汗為觀察員國，亞美尼亞、亞塞拜然、柬埔寨、尼泊爾、斯里蘭卡、土耳其為對話國，位置皆相當接近

 4-2 歐洲的區域聯盟

　　歐洲著名的區域聯盟有「北大西洋公約組織」、「歐洲聯盟」與「獨立國家國協」。

　　「北大西洋公約組織」（North Atlantic Treaty Organization, NATO）簡稱北約組織或北約，乃為實施防衛協作而建立的國際組織。1949 年 3 月 18 日，美國、英國及法國等同盟國發起並建立北大西洋公約組織，於同年 4 月 4 日在美國華盛頓特區（Washington, D.C.）簽署《北大西洋公約》後正式成立，旨在與以當時蘇聯為首的東歐集團國成員相抗衡。及至蘇聯解體，華沙公約組織宣告解散，北約便成為一個地區性防衛協作組織。其總部設在比利時的布魯塞爾（Brussels），成員共有跨域歐洲、北美與西亞的 30 個國家。

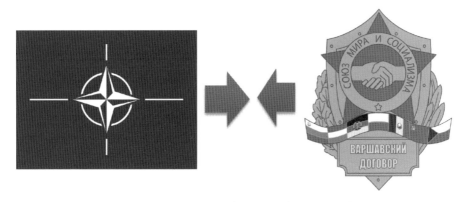

圖 4.5　北大公約組織旨在對抗蘇聯與東歐集團的華沙組織

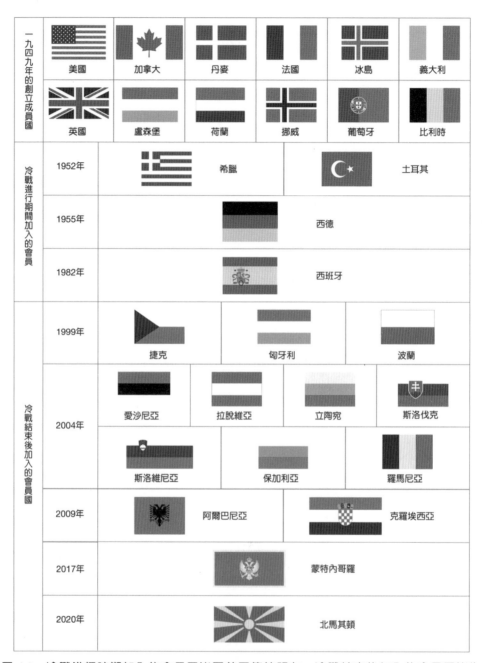

圖 4.6　冷戰進行時期加入的會員國皆屬美國傳統盟友，冷戰結束後加入的會員國皆為華沙公約組織的成員國，對俄羅斯而言，北約的東擴不啻為一大威脅和警訊

歐洲聯盟（European Union, EU），簡稱歐盟，乃依據 1993 年生效的《馬斯垂克條約》（the Maastricht Treaty）所建立的區域組織，現擁有 27 個成員國，正式官方語達 24 種，現依《里斯本條約》（the Treaty of Lisbon）而運作。成員國均為民主國家，且國內人民以信仰基督宗教（為天主教、東正教、基督教之總稱）為主流。目前為全世界第二大經濟體，絕大數成員國為北大西洋公約組織成員。

歐盟的最前身為 1952 年成立的煤鋼共同體（European Coal and Steel Community），1965 年又另訂條約成立歐洲各共同體（European Communities），到了 1993 年才更改為現有名稱。會員之中有 22 個成員國簽訂有互相開放邊界的《申根條約》（the Schengen Agreement），也成立了使用共同貨幣的歐元區（euro zone），現計有 19 個成員國參加外，非成員國的歐洲國家，如安道爾（Andorra）、摩納哥（Monaco）、聖馬利諾（San Marino）、梵蒂岡（Vatican City）與歐盟簽訂正式協議，可使用歐元與自行發行硬幣。至於蒙特內哥羅（Montenegro）、科索沃（Kosovo）則片面使用歐元，並非歐元區成員。

歐盟主要機構計歐洲高峰會（European Council）、歐洲議會（European Parliament）、歐盟理事會（Council of the European Union）、歐洲執委會（European Commission）。歐洲高峰會是由成員國元首或行政首長和歐盟執委會主席共同參加的首腦峰會，為歐盟發展提供必要的動力，並擘劃歐盟發展的總體目標與優先事項。歐洲議會相當於歐盟的下議院，由各成員國人民直選議員組成，除監督歐盟行政機構運作外，也是進行政治辯論和決策的重要論壇，與理事會分享通過和修改立法提案的權力，並決定歐盟的預算。歐盟理事會相當於歐盟的上議院，由各成員國的政府部長組成，與歐洲議會一樣享有立法權與預算權，可協調經濟和社會政策的運作，以及為「共同外交和安全政策」（CFSP）制定指導方針，並締結歐盟的國際條約。歐洲執委會相當於歐盟的政府（government），其任務為執行歐盟法律與預算及行政業務，並負責談判國際條約。

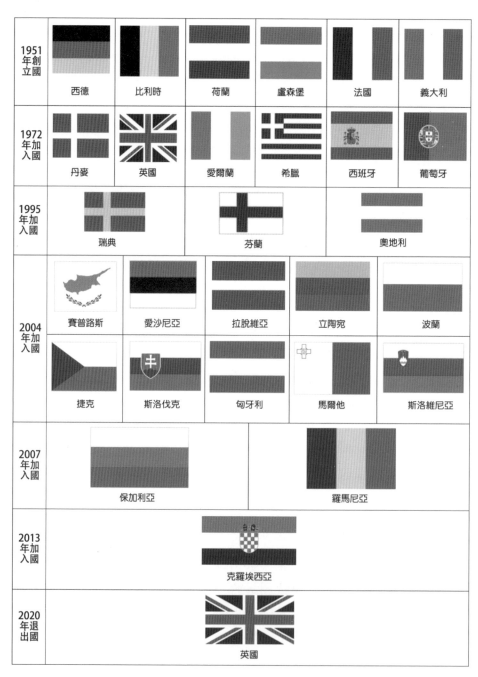

圖 4.7　從 1951 年至 2020 年，歐盟成員國數目的歷年消長情形

獨立國家國協（Commonwealth of Independent States, CIS）於蘇聯解體後成立，時間在 1991 年 12 月 22 日。會員曾以獨立國家國協名義集體參加 1992 年巴塞隆納奧運會，僅此一次後，各國乃以各自名義參加之。目前的會員為亞塞拜然、亞美尼亞、白俄羅斯、哈薩克斯坦、吉爾吉斯斯坦、摩爾多瓦、俄羅斯、塔吉克斯坦、烏茲別克斯坦等九國，均為前蘇聯的加盟共和國。由於此組織為一鬆散聯盟，遂以另立組織的方法以進行跨國合作。迄今其相關組織有三：其一為「集體安全條約組織」（Collective Security Treaty Organization, CSTO），此組織於 1992 年，由部分會員簽訂的《集體安全條約》（Collective Security Treaty）而來，歷經數年的運作與成員變革後，於 2002 年成立此軍事聯盟。從 2012 年迄今，此組織成員維持為俄羅斯、亞美尼亞、哈薩克斯坦、吉爾吉斯斯坦、塔吉克斯坦等五國。其二為「獨立國家國協自由貿易區」（Commonwealth of Independent States Free Trade Area , CISFTA），其協議從 2011 年 10 月 18 日開始簽署，迄今已有亞美尼亞、白俄羅斯、哈薩克斯坦、吉爾吉斯斯坦、摩爾多瓦、俄羅斯、塔吉克斯坦、烏克蘭、烏茲別克斯坦等九國參加。其三為「歐亞經濟聯盟」（Eurasian Economic Union），此聯盟成立於 2014 年 5 月 29 日，迄今已有俄羅斯、白俄羅斯、哈薩克斯坦、吉爾吉斯斯坦、塔吉克斯坦等五國參加，是一個擁有一億八千萬人口實力的共同市場。俄羅斯總統普丁期待歐亞聯盟可以成為一個超國家聯盟，作為歐亞之間橋樑，並與歐盟和美國鼎足而立。

圖 4.8　獨立國協會旗

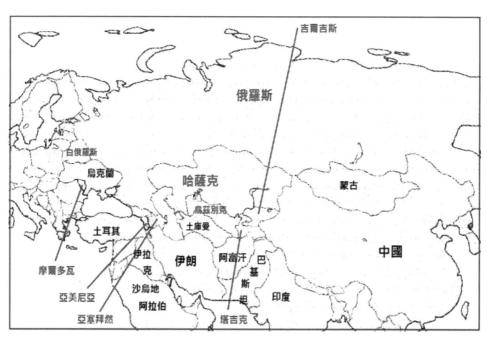

圖 4.9　獨立國協會員國有白俄羅斯、摩爾多瓦、亞美尼亞、亞塞拜然、塔吉克、烏茲別克、哈薩克、俄羅斯、吉爾吉斯，其所在位置橫跨歐洲、西亞與中亞

4-3 美洲的區域聯盟

美洲著名的區域聯盟有「北美自由貿易區」、「南美洲國家聯盟」、「中美洲統合體」、「加勒比共同體」、「美洲國家組織」。

「北美自由貿易協議」（North American Free Trade Agreement, NAFTA）是美國、加拿大及墨西哥在 1992 年 8 月 12 日簽署的關於三國間全面貿易協議。協議的目標，在於消除美國、加拿大與墨西哥之間的貿易與投資障礙，同時也要保護產品的智慧財產權（intellectual property rights）。與歐盟性質不同，北美自由貿易協議並非凌駕於國家政府和國家法律上的一項協議。該協議於 1994 年 1 月 1 日正式生效，於此同時，北美自由貿易區（North America Free Trade Area, NAFTA）亦告正式成立。北美自由貿易區擁有 4.5 億人口，國民生產總值（gross national product, GNP）約 17.3 萬億美元，年貿易總額 1.37 萬億美元，其經濟實力和市場規模都超過歐洲聯盟，成為當時世界上最大的區域經濟一體化組織。不過美國新總統川普於 2017 年 1 月 23 日表示，美國將和加拿大、墨西哥重談北美自由貿易協定。白宮網站亦強硬寫道，若加拿大和墨西哥無法讓美國工人獲得公平協議，美國將退出該協定。雖然加、墨兩國對此表示強烈不滿，最後還是應美國要求，展開重新談判，並已於 2018 年 11 月 30 日在阿根廷首都布宜諾斯艾利斯 G20 高峰會上簽署完畢。這個協定稱為新版 NAFTA，名稱為「美墨加協定」（United States-Mexico-Canada Agreement, USMCA），此協定的目的有三：第一，消除北美洲三國的貿易戰及提高北美洲的投資吸引力。第二，劍指中國大陸，希望藉此惡化中國大陸的投資環境。第三，削弱中國大陸推動「中國製造 2025」（Made in China 2025）的能力。該協定最引人注目者為被稱為「毒丸」（poison pill）的 32.10 條款，內容為：若美墨加任何一國與「非市場經濟國家」達成自由貿易協議，其他成員國可以在 6 個月後退出。職是之故，美國可以雙管齊下，不但在與歐盟、日本或澳洲等國

圖 4.10　北美自由貿易協議的標誌，最左為美國，中間為墨西哥，最右為加拿大

的協議中納入此項條款，亦可影響加拿大、日本有關 RCEP 的協議。凡此，均會導致中國大陸在全球貿易中逐漸被孤立的結果出現。

　　南美洲國家聯盟（Union of South American Nations）是根據《庫斯克宣言》（the Cusco Declaration）在 2004 年 12 月 8 日成立的以主權國家為會員的組織，原名南美洲國家共同體（South American Community of Nations），到了 2007 年 4 月 16 日才改稱現名，有 12 個成員國、2 個觀察員國。聯盟總部設於厄瓜多首都基多（Quito），議會設於玻利維亞的科恰班巴（Cochabamba）。聯盟延續「南方共同市場」的理想，主張會員國的人民可以在會員國之間自由移動。從 2006 年 11 月開始，阿根廷、玻利維亞、巴西、智利、哥倫比亞、厄瓜多、蓋亞那、巴拉圭、秘魯、蘇利南、烏拉圭等國之間，人民無須簽證，即能進出本國與他國。在 2014 年 12 月於厄瓜多召開峰會時，聯盟秘書長更宣布：「我們已經同意南美洲公民權的觀念，包括創造出一張單一的護照。」

　　2018 年後，因左右兩派政思想的鬥爭，導致聯盟秘書長懸缺多時，組織四分五裂，目前只餘蘇利南、玻利維亞、蓋亞那、委內瑞拉四個會員國，已成名存實亡狀態。原會員國阿根廷、智利、巴西、巴拉圭、秘魯、哥倫比亞、厄瓜多與尚留在聯盟裡的會員國蓋亞那，於 2019 年 3 月 22 日，簽署了《振興和加強南美洲的聖地亞哥宣言》（the Declaration of Santiago for the renewal and strengthening of South America），宣布成立南美洲進步與發展論壇（Foro para el Progreso y Desarrollo de América del Sur, PROSUR），其取代南美洲國家聯盟之意圖甚為明顯。至 2022 年 1 月底，該論壇已開過三次高峰會議。雖然它表示論壇將對所有南美洲國家開放，但會員國須具備兩項資格，即：法律的充分有效性和對於自由和人權的尊重。不過，它的右派色彩相當明顯。

圖 4.11　南美洲國家聯盟旗幟

圖 4.12　法屬圭亞那為非成員國，墨西哥、巴拿馬為觀察員國，其餘皆為南美洲國家聯盟之會員國

　　中美洲統合體（Sistema de la Integración Centroamericana, SICA）由中美洲國家組織（Organización de Estados Centroamericanos）的哥斯大黎加、薩爾瓦多、瓜地馬拉、宏都拉斯、尼加拉瓜等 5 國於 1991 年 12 月 13 日，簽署特古西加爾帕協議（Tegucigalpa Protocol）而成立，以延伸先前在區域和平、政治自由、民主與經濟建設等方面的合作成立，並將秘書處設立於薩爾瓦多。該組織的成員國為原中美洲國家組織 5 個成員國加上巴拉馬。到了 2000 年，又有貝里斯加入，成為正式成員國。加勒比海的多明尼加，亦於 2004 年成為該組織的準成員國（2013 年成為正式會員）。目前該組織成員眾多，除 8 個正式會員外，尚有 26 個觀察員，臺灣亦列名其中。在中美洲統合體成立前，哥斯大黎加、薩爾瓦多、瓜地馬拉、宏都拉斯、尼加拉瓜等 5 國遠在 1907 年就有成立中美洲聯邦共和國（República Federal de Centroamérica）的計畫，並成立了中美洲法庭（Corte de Justicia Centroamericana）。雖然前者曇花一現，後者中途而廢。不過，在 1951 年中美洲國家組織成立後的第二年，其組織憲章又增補成立「中美洲法庭」（Corte Centroamericana de Justicia）的條文。其後，中美洲共同市場（Mercado Común Centroamericano, MCCA）、中美洲經濟整合銀行（Banco Centroamericano de Integración Económica, BCIE）、中美洲經濟統合秘書處（Secretaría de Integración Económica Centroamericana, SIECA）亦先後成立。雖然 ODEC 在 1973 年中止運作，但在 1991 年 SICA 成立後，又陸續增加了中美洲國會（Parlamento Centroamericano）、中美洲法院這 2 個組織。此外，尚值得一提的是，SICA 中有瓜地馬拉、薩爾瓦多、宏都拉斯、尼加拉瓜等 4 個國家簽訂了「中美洲四國疆界控制協定」（Convenio centroamericano de libre movilidad）允許簽訂協定的 4 國人民可以自由來往於 4 國之間，外國人士的護照獲得 4 國中任一國家的簽證後，亦可自由來往於 4 國之間，不過只能經由陸運，空運則在禁止之列。

圖 4.13　中美洲統合體的旗幟

　　加勒比共同體（The Caribbean Community, CARICOM）成立於 1973
年，其成員包括 15 個加勒比國家和獨立體，目的在推動成員之間的經
濟統合與合作，以保證統合的利益得以公平共享。此共同體原由加勒比
區域內的英語國家組成，隨著時間移易，荷語國家蘇利南與法語國家海
地乃分別於 1995 年、2002 年加入，其官方語言亦擴大為英語、法語、
荷語與西班牙語 4 種。截至目前為止，其正式成員國包括：千里達及托
巴哥、牙買加、巴貝多、蓋亞那、貝里斯、蒙哲臘、聖露西亞、聖文森
及格瑞那丁、多米尼克、格瑞那達、聖克里斯多福與尼維斯、安地卡及
巴布達、巴哈馬、蘇利南、海地等 15 個國家；另有特克斯與凱科斯群
島、英屬維京群島、安圭拉、開曼群島、百慕達等 5 個準成員，皆為英
國屬地；此外，8 個觀察員之中，阿魯巴、古拉索、荷屬聖馬丁為荷蘭
屬地，為荷蘭王國的 3 個構成國；波多黎各為美國屬地。其餘則為哥倫
比亞、多明尼加、墨西哥、委內瑞拉等獨立國家。由於共同體有幫助區
域內貧窮國家的特別計畫，故將 15 個成員國分為 6 個「較多開發國家」
（More Developed Countries, MDCS）與 9 個「較少開發國家」（Less
Developed Countries, LDCs）外，且其附屬機構多而完整，其中值得一提
者為「加勒比最高法院」（The Caribbean Court of Justice, CJJ），是
CARICOM 用來解決加勒比海單一市場與經濟（The CARICOM Single
Market and Economy, CSME）的運作產生之糾紛。CSME 為 2005 年底

CARICOM 的 12 個正式成員簽署一個協議，截自目前為止，已有 19 個加勒比國家及獨立體參加，蒙哲臘和海地等 2 個成員國則部分參加，巴哈馬則始終未參加。再則，於 2005 年底的簽署 CSME 的 12 個正式成員，於 2009 年又推出了加勒比共同體護照（CARICOM passport），截至目前為止，當年未參加發出護照的巴哈馬，蒙哲臘和海地等 3 個國家，也已加入其中行列。

圖 4.14　加勒比共同體的旗幟

「美洲國家組織」（Organization of American States, OAS）是一個以美洲國家為成員的國際組織，總部位於美國華盛頓特區，成員為美洲的 35 個獨立國家，其前身為「美洲共和國商務局」（the Commercial Bureau of the American Republics），1948 年在哥倫比亞波哥大舉行的第九次會議上，通過了《美洲國家組織憲章》（the Charter of the Organization of American States），遂改稱現在名稱。其宗旨寫在組織憲章第一條，內容為：「實現和平的秩序與正義，推動他們的團結，增強他們的合作，捍衛他們的主權、他們的領土完整以及他們的獨立自主。」不過，到了 1990 年代，時值冷戰結束，由於拉美國家的回歸民主與對於全球化的推動，其優先方向，轉為下列事項：強化民主、致力和平、捍衛人權、促進自由貿易、反對毒品工業、推動永續發展。其中，永續發展包含下列事務：推動經濟發展、消滅貧窮、河床管理、生物多樣性的養護、文化多樣性的維持以及為全球氣候變遷、永續旅行、為自然災害緩解作好規劃。

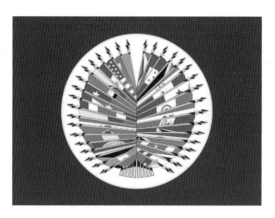

圖 4.15　美洲國家組織的旗幟

 **4-4　非洲的區域聯盟**

　　著名的區域組織為「非洲聯盟」（African Union, AU），目前擁有 55 個非洲會員國，是一個集政治、經濟和軍事於一身的組織，成立目的除發展民主、保護人權及永續發展經濟外，亦致力於降低各成員國武裝戰亂的頻率，更希望能創造出整個非洲的共同市場，統一使用貨幣，建立聯合防禦力量，進而建立「非洲合眾國」（United States of Africa），以超越歐盟，直逼美利堅合眾國（United States of America）。聯盟的前身是「非洲統一組織」（Organization of African Unity），於 1963 年在衣索比亞首都阿迪斯阿貝巴（Addis Ababa）成立，2002 年 7 月 1 日在南非改組為今日的非洲聯盟。目前，遠在加勒比海的「海地」（Haiti）及位在中東的「以色列」，皆已成為聯盟的觀察員國家。不過，在這裡必須一提的是，非盟對於會員資格認定相當嚴格，像摩洛哥於 1976 年因抗議撒拉威阿拉伯民主共和國（Sahrawi Arab Democratic Republic, SADR）以主權國家身分加入非盟，曾經退出組織以示抗議，直至 32 年後，於 2017 年 1 月 31 日始得重新加入。中非共和國因內戰頻仍，蘇丹因發生屠殺示威人士，布吉納法索、馬利、幾內亞則因軍事政變，而被停止會籍。直至目前為止，除幾內亞外，餘皆已恢復會籍。然而，布吉納法索

於 2022 年 1 月下旬再度發生軍事政變,聯合國與非盟皆加以譴責,是否會再度予以停止會籍,則不得而知。

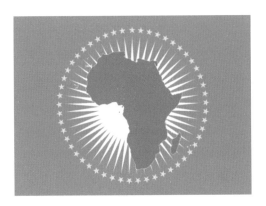

圖 4.16　非洲聯盟的旗幟

圖 4.17　撒拉威阿拉伯民主共和國成立於摩洛哥控制的西撒哈拉,故摩洛哥至今仍不承認其主權

4-5 中東的區域聯盟

　　中東著名的區域組織為「阿拉伯國家聯盟」與「海灣阿拉伯國家合作委員會」。

　　「阿拉伯國家聯盟」（the League of Arab States, LAS）成立於 1945 年，是阿拉伯國家組成的地區性國際政治組織，成員橫跨亞洲（中東）與非洲（北非），主要宗旨為：拉近成員國之間的關係，協調彼此之間的合作，捍衛各國的獨立與主權，以共同的方式（in a general way）來思考阿拉伯國家的事務與利益。此外，由《阿拉伯聯合經濟行動憲章》（*the Joint Arab Economic Action Charter*）視之，足見該聯盟一直致力於幫助成員國在經濟上能趨於一體化，然其成效並不彰。雖然資源豐富，某些成員國擁有大量的石油、天然氣和肥沃土地，但電信業和旅遊業卻是該聯盟內發展甚為迅速的兩大行業。目前，聯盟共有 22 個成員國，巴勒斯坦亦為成員國之一，足見該聯盟對巴勒斯坦建國，是採取認同及鼓勵的立場，甚至是承認其獨立地位及主權。聯盟的總部原來設在埃及的首都開羅（Cairo），由於埃及與以色列簽訂《埃以和約》（Egyptian-Israeli Peace Treaty），其他聯盟成員國幾乎與埃及斷交，並於 1979 年 3 月決議將總部遷往突尼西亞首都突尼斯（Tunis），直到 1990 年 10 月才又遷回開羅。不過，時移事易，到目前為止，聯盟會員國除了埃及外，約旦亦已與以色列建交。在川普總統任內，美國政府進行《亞伯拉罕計畫》（the Abraham Accords），亦已有阿拉伯聯合大公國、巴林、蘇丹及摩洛哥等四個聯盟會員國與以色列簽署和平協議。

圖 4.18　阿拉伯國家聯盟的旗幟

　　「海灣阿拉伯國家合作委員會」（the Cooperation Council for the Arab States of the Gulf）原名海灣合作委員會（the Gulf Cooperation Council, GCC），是一個政府與政府之間的政治與經濟聯盟，於 1981 年 5 月 25 日在阿拉伯聯合大公國首都阿布達比（Abu Dhabi）宣告成立，成員國包括巴林、科威特、阿曼、卡達、沙烏地阿拉伯和阿拉伯聯合大公國，但並非每一個海灣沿岸的國家都是海合會的成員國。伊朗便被故意排除在外，因為它不是阿拉伯國家。海合會的宗旨有以下八項：

1. 為各種不同領域制定相似的規則，這些領域包括：宗教、金融、貿易、關稅、旅遊、立法與行政。

2. 在工業、礦業、農業、水資源、動物資源等項目上，培養科學與技術的進步。

3. 建立科學研究中心。

4. 建立合資企業。

5. 統一軍事。

6. 鼓勵私人企業的合作。

7. 增強與人民的聯繫。

8. 建立共同貨幣。

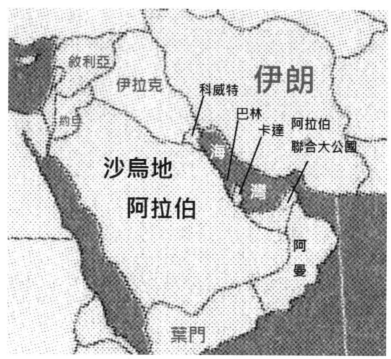

圖 4.19　海灣又稱為波斯灣，沿岸除有巴林、科威特、阿曼、卡達、沙烏地阿拉伯和
　　　　阿拉伯聯合大公國外，尚有伊朗，但因分屬不同教派與人種。前者屬於遜尼
　　　　教派與阿拉伯人，後者屬於什葉派與波斯人，故伊朗並未參加海灣阿拉伯國
　　　　家合作委員會

4-6　跨洲際的區域聯盟

　　有些聯盟雖亦屬區域聯盟，其性質卻為跨洲際，難認定為純粹屬於
某洲的區域聯盟。茲將這些聯盟羅列於下：

　　「地中海聯盟」（Union pour la Méditerranée）由法國前總統薩科齊（Nicolas Sarközy）呼籲成立。其構想源於 1995 年 11 月 27 日巴賽隆納會議所確立的「巴賽隆納進程」（Barcelona Process），旨在加強歐盟與地中海國家之間的合作關係，並進行基督教文化與伊斯蘭文化的對話，期望在 2010 年成立「歐洲－地中海自由貿易區」（the Euro-Mediterranean Free Trade Area），以促進地中海周邊國家的穩定與發展。2009 年 7 月，聯盟在巴黎（Paris）成立。聯盟的 43 國代表應法國之請，聯席檢討今後的發展方向。43 國代表來自 28 個歐盟成員國與 15 個非歐盟成員的地中海沿岸國家，這 15 個國家包括：阿爾巴尼亞、阿爾吉利亞、波赫聯邦（波士尼亞與赫塞哥維納）、埃及、以色列、約旦、黎巴嫩、茅利塔尼亞、摩那哥、蒙的內哥羅、摩洛哥、巴勒斯坦自治政府（Palestinian National Authority）、敘利亞、突尼西亞、土耳其。目前由於英國退出歐盟，聯盟現只有 42 個成員國，而早先拒絕加入的利比亞，已成為觀察員國。聯盟的發展方向，仍以巴賽隆納進程與宣言為基礎，秉持經濟、政治與文化三個籃子（three baskets）的構想，創造出一個新的行動計畫，即：

1. 文化、安全、穩定、良治與民主。

2. 持續的經濟發展與改革。

3. 教育與文化的交流。

4. 正義、安全、移民與社會的整合。

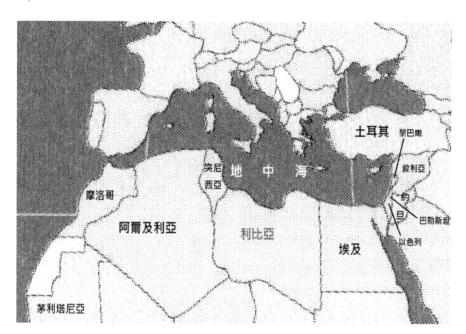

圖 4.20　除利比亞外，餘皆為中東與非洲地區屬於地中海聯盟的會員國

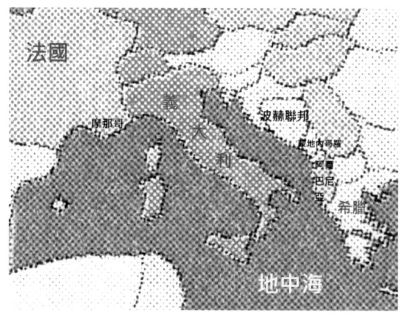

圖 4.21　波赫聯盟、蒙地內哥羅及阿爾巴尼亞，為歐洲地區非屬歐盟之地中海聯盟

亞洲太平洋經濟合作會議（Asia-Pacific Economic Cooperation, APEC）是亞太地區各國為了因應經濟上逐漸增加的互依程度，以及因應來自其他地區的貿易集團所設置的論壇。它成立於 1989 年，現有 21 個經濟體成員。由於它的範圍是亞洲與太平洋，故其成員遠及美洲，如：美國、加拿大、墨西哥、秘魯、智利；亦有遠及大洋洲，如：澳洲、紐西蘭及巴布亞紐幾內亞。它每年召開一次「經濟領袖會議」（Economic Leaders' Meeting），討論「部長級會議」及「企業顧問委員會」提供的戰略建議；最後，通過「經濟領袖宣言」，公布達成的正式政策。

圖 4.22　亞太經合會議標誌

區域全面經濟夥伴關係（Regional Comprehensive Economic Partnership, RCEP）是由東協十國發起，邀請中國大陸、日本、南韓、澳大利亞、紐西蘭、印度共同參加（"10+6"），通過削減關稅及非關稅壁壘，建立 16 國統一市場的自由貿易協定。自 2013 年起，開始推動成員之間的自貿談判，若順利完成，它將涵蓋約 34 億人口，GDP 約占全球 29%。至 2019 年 11 月 4 日完成談判，但印度宣布退出，其餘 15 國均同意現有條款，並於 2020 年 11 月 15 日簽署協義。

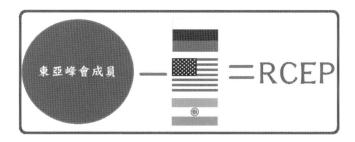

圖 4.23　東亞峰會減去美國、俄羅斯與印度就等於 RCEP 成員

　　跨太平洋戰略經濟夥伴關係協定（the Trans-Pacific Partnership, TPP）目前有 12 個成員國，其中新加坡、越南、馬來西亞、汶萊為東協成員國，日本為東協加三的其中一員，紐西蘭、澳洲為東亞峰會成員及東協觀察員，美國、加拿大、墨西哥則為北美自由貿易協定的成員國，秘魯、智利則為太平洋濱的南美國家，其 GDP 占全球總量 38%。TPP 於 2002 年由汶萊、紐西蘭、新加坡、智利發起，美國於 2008 年加入後，就成為主導者並全力推動。TPP 除了是一種高品質、高標準的自由貿易協定，標榜全面自由化外，更是美國重返亞洲的大戰略，與以中國為主的東協進化版 RCEP，形成了亞太地區的兩大經貿陣容。不過，美國新總統川普已於 2017 年 1 月 23 日簽署行政命令，讓美國退出該協定，該協定目前已形同瓦解。目前，另外 11 個國家已另組「跨太平洋夥伴全面及進步協定」(The Comprehensive and Progressive Agreement for Trans-Parific Parthership, CPTPP)，已經由談判，解決歧見，並於同年 3 月 8 日在智利簽字。

表 4.1　APEC 與 CPTPP 的成員國對照表

亞洲太平洋經濟合作會議經濟體成員																		
美國	中國大陸	臺灣	香港	日本	南韓	澳洲	紐西蘭	巴紐	菲律賓	越南	馬來西亞	新加坡	加拿大	墨西哥	俄羅斯	印尼	汶萊	泰國	智利	秘魯
跨太平洋戰略經濟夥伴關係協定成員國																		
				日本		澳洲	紐西蘭			越南	馬來西亞	新加坡	加拿大	墨西哥			汶萊		智利	秘魯

　　亞投行全稱為「亞洲基礎設施投資銀行」（Asian Infrastructure Investment Bank, AIIB），乃為提供中國大陸經濟戰略「一帶一路倡儀」的亞太地區基礎建設資金而成立，由中國大陸主導，總部設在北京，歷經 2017 年 5 月 19 日的「一帶一路國際合作高峰論壇」，截至 2021 年 12 月 28 日，已有 105 個國家加入。目前 G20 中只有 3 個國家尚未加入，即美國、墨西哥與日本。這 3 個國家不加入，乃因亞投行的成立被認為是在挑戰美國主導的亞洲開發銀行（ADB）、世界銀行（WB）與國際貨幣基金（IMF），故美國與墨西哥至今堅未加入，但其緊密盟友加拿大則早已參加，至於日本，於 2017 年 5 月已表示有加入的意願，並於 2019 年 7 月派遣日本政府前高官參加亞投行在盧森堡召開的年會。

　　二十國集團（Group of Twenty, G20）是一個政府和政府之間的論壇，其成員包括美國、英國、法國、德國、加拿大、義大利、日本等七大工業國（G7）、巴西、俄羅斯、印度、中國大陸、南非等金磚五國（BRICS）、歐盟（EU）與澳洲、印尼、南韓、土耳其、沙烏地阿拉伯、墨西哥、阿根廷。該組織於 1999 年成立於德國柏林。G20 從成立迄今，致力於穩定國際金融、減緩氣候變化、可持續發展目標（SDGs）等議題。G20 的成員國之人口占全球總量的三分之二，土地面積占全球總量的二分之一，國際貿易占全球總量的四分之三，世界生產總值占全球總量的五分之四以上，是一個勢力龐大而日漸運作成熟的跨洲際國際組織，但沒有常設秘書處，每年召開高峰會以商討解決當前經濟形勢之對策，參加人員包括：成員國領袖、財政部長、外交部長和其他高級官員；歐盟則由歐盟委員會和歐洲中央銀行代表與會。其他國家、國際組織和非政府組織也會視需要而被邀請參加峰會。

　　經濟合作暨發展組織(Organization of Economy Cooperation and Development, OECD)成立於 1961 年，總部在巴黎米埃特堡（Château de la Muette），現有 38 個會員國、5 個強化合作夥伴 (key partners，包括巴西、印度、印尼、中國大陸、南非)。根據該組織 1976 年的宣言，此宣

言是參與國政府的一項政策承諾，旨在為國際投資提供公開透明的環境，並鼓勵跨國企業對經濟和社會進步做出積極貢獻。離最近的一次宣言，名稱為「負責任的商業行為，可持續未來的新常態」，其內容大意為：經濟合作暨發展組織企業責任資源中心使用負責任的商業行為（Responsible Business Conduct, RBC）標準和建議來制定政府政策，幫助企業最大限度地減少其業務和供應鏈的不利影響，同時為解決企業、社會、環境、勞工或人權方面的侵權指控提供場所。通過 RBC，企業可以為經濟增長和發展做出積極貢獻，成為實現 SDGs 的強大動力。該組織成立於 1961 年，設有理事會、秘書處與 28 個專業委員會，每年出版500 種以上書籍，探討不同議題的現狀與未來發展，並針對不同國家經濟發展進行研究與分析。

　　凱恩斯集團（the Cairns Group）於 1986 年成立於澳洲凱恩斯（Cairns）。在烏拉圭回合談判（the Uruguay round of negotiations）中，凱恩斯集團是一個堅強的聯合體，它要求撤銷貿易壁壘並穩定削減影響農業貿易的補貼。其成員國包括：南非、澳洲、紐西蘭、印尼、馬來西亞、菲律賓、泰國、巴基斯坦、加拿大、瓜地馬拉、哥斯大黎加、阿根廷、巴西、智利、哥倫比亞、秘魯、玻利維亞、巴拉圭、烏拉圭、越南。這 20 國佔有全球四分之一的世界農業出口量。從 1986 年以來，該集團多次舉行會議，要求取消農產品出口補貼。WTO 成立後，該集團乃將前線拉到 WTO 之中，試圖要和各成員國展開雙邊談判，以實現其對農業改革的主張。該集團對自己的使命，明明白白寫在其官網上，可以作為認識該集團的重要參考：「凱恩斯集團是一個獨特的農業輸出國聯盟，這個集團承諾要改革農業貿易。它是一個成員複雜的聯盟，將拉丁美洲、非洲與亞太地區的開發或已開發國家團結在一起。從 1986 年成立開始，凱恩斯集團一直在農業改革方面擁有影響力，而且一直扮演著重要角色以強迫 WTO 成員實現杜哈會議決議的命令，這些命令皆為影響深遠的命令。」

表 4.2　凱恩斯集團成員國

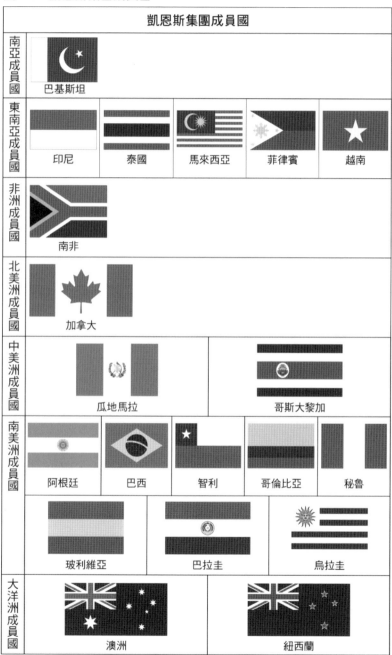

凱恩斯集團成員國	
南亞成員國	巴基斯坦
東南亞成員國	印尼　泰國　馬來西亞　菲律賓　越南
非洲成員國	南非
北美洲成員國	加拿大
中美洲成員國	瓜地馬拉　　哥斯大黎加
南美洲成員國	阿根廷　巴西　智利　哥倫比亞　秘魯　玻利維亞　巴拉圭　烏拉圭
大洋洲成員國	澳洲　　紐西蘭

問題與討論

1. 你對哪一個區域聯盟最有印象？請指出它令人印象深刻之處。

2. 還有哪些區域聯盟，本課尚未提及？請寫出它的名稱及內容概要。

CHAPTER

05

認識人口老化
社會

5-1　世界衛生組織對三種人口老化社會的定義

5-2　聯合國對世界人口老化的預測

5-3　聯合國對世界總出生率的預測

5-4　人口老化對 PSR 的影響

5-5　從另外一個角度來看人口老化問題

問題與討論

國際貨幣基金（International Monetary Foundation, IMF）於 2015 年 4 月 7 日發布《世界經濟展望報告》（World Economic Outlook），預測全球人口漸趨老化，陸續步入人口老化社會。先進經濟體（advanced economies）的潛在產出增長（potential output growth）在當前影響勞動力參與的政策下，將出現低增長（low growth）和趨勢就業（trend employment）下降的情況，故 IMF 提出了實施結構性政策（structural policies）的建議如下：

1. 消除稅收抑制因素和改善兒童照顧選擇，以增加婦女工作的動機。（日本）

2. 實施解決長期低需求的宏觀經濟政策，減少對就業的稅收抑制，提出針對性的培訓計畫和積極的勞動力市場政策。（歐元區）

3. 增加基礎設施投資，以提高中期的潛在產出。（歐元區與美國）

4. 降低產品市場的進入壁壘，改革阻礙調整的勞動力市場法規；推進自由貿易協定，整合能源市場；進行遺留債務問題的改革，以利於信貸需求和供應的恢復。（歐元區）

5. 實施更有力的結構性改革，如安倍的第三支箭（the third arrow of Abenomics）；通過放鬆管制來提高服務部門的生產力，通過減少勞動力市場的二元性（duality）來提高勞動生產率，並通過公司治理改革以及改善金融系統提供的風險資本來支持投資。（日本）

總之，隨著醫療科技的進步，人口老化社會將是一個全球化的現象，雖是先進經濟體首當其衝，其他國家也應該要思考如何解決這個棘手問題。

5-1   世界衛生組織對三種人口老化社會的定義

　　根據聯合國世界衛生組織定義，65 歲以上的長者為老年人。當老年人口占總人口 7%，即可定義為「高齡化社會」（aging society）；若超過 14%，則可定義為「高齡社會」（aged society）；若超過 20%，則可定義為「超高齡社會」（hyper-aged society）。不過，當聯合國有關部門在統計老年人口時，卻以 60 歲作為老年人口的啟始年齡，至於 80 歲的老人，則可視為超高齡老人（oldest old）。

表 5.1　WHO 對人口老化社會的定義與比例

WHO 對人口老化社會的定義	老年人口所占比例
高齡化社會	7%
高齡社會	14%
超高齡社會	20%

5-2   聯合國對世界人口老化的預測

　　依據聯合國《世界人口展望 2019》（*World Population Prospects 2019*）的調查與預測，2020 年全世界的 65 歲或以上人口的數量 7 億 2 千 7 百萬人，占全世界人口的 9.3%。到了 2030 年，將增加至 9 億 9 千 7 百萬人，達到全世界人口的 11.7%。到了 2040 年，將增加至 13 億，達到全世界人口的 14.1%。到了 2050 年，將增加至 15 億 4 千 8 百萬人，達到全世界人口的 15.9%。到了 2065 年，將增加至 18 億 9 千 9 百萬人，達到全世界人口的 18.4%。到了 2100 年，將增加至 24 億 5 千 6 百萬人，達到全世界人口的 22.6%。

　　至於 80 歲老人的超高齡老人，其人口數量在 2020 年為 1 億 4 千 5 百萬人，達到全世界人口的 1.9%。到了 2030 年，將增加至 2 億 1 百萬人，達到全世界人口的 2.4%。到了 2040 年，將增加至 3 億 5 百萬人，達到全世界人口的 3.3%。到了 2050 年，將增加至 4 億 2 千 6 百萬人，達到全世界人口的 4.4%。到了 2065 年，將增加至 5 億 7 千 1 百萬人，達到全世界人口的 5.5%。到了 2100 年，將增加至 8 億 8 千 1 百萬人，達到全世界人口的 8.1%。

　　由上可見，未來世界老年人口的數量，將呈現倍數成長的現象。

表 5.2　未來世界老年人口的數量，將呈現倍數成長的現象

年代 老人種類	2020 年	2050 年	2100 年
65 歲或以上老人	7 億 2 千 7 百萬	15 億 4 千 8 百萬	24 億 5 千 6 百萬
80 歲以上老人	1 億 4 千 5 百萬	4 億 2 千 6 百萬	8 億 8 千 1 百萬

5-3　聯合國對世界總出生率的預測

　　最令聯合國憂心的事，是世界總和生育率（total fertility ratio）的降低，依據《世界人口展望 2019》的調查與預測，2019 年的世界總和生育率為 2.5 以下，2050 年將降至 2.2 左右，2100 年將再降至 1.9。總和生育率的降低與人口老化關聯甚深，因為當總和生育率長期降低時，老年人口的比例會因年輕人口減少而上升。又據前述調查與預測，在 2018 年，人類歷史已首次出現 65 歲或以上人口數量超過 5 歲以下的兒童人口數量的現象。又，從 2019 年到 2050 年，全球 65 歲或以上人口數量預計將增加一倍以上，5 歲以下的兒童人口預計將保持不變。更有甚

者，到了 2050 年，65 歲或以上人口將是 5 歲以下兒童人口的兩倍以
上。此外，預計到了 2050 年，全球 65 歲以上人口將達到 15 億，將超
過青少年和青年人口的 13 億數量，人口老化社會現象不但無法獲得改
善，且將往更嚴重的方向發展。

表 5.3　近年世界總生育率與特定年齡層人口數量比較

年代	2019	2050	2100
總出生率	under 2.5	around 2.2	further to 2

全世界 5 歲以下人口與 65 歲或以上老人人口的數量比較	
2018	65 歲或以上人數　> 5 歲以下人數
2050	65 歲或以上人數　> 2 倍（5 歲以下人數）

表 5.4　全世界生育率的預測（來源：聯合國人口局資料）

地區或國家	2020~2025	2030~2035	2050~2055	2060~2065	2095~2100
撒哈拉沙漠以南非洲	4.40	3.82	3.00	2.73	2.16
北非	3.07	2.79	2.40	2.29	1.97
西亞	2.52	2.31	2.03	1.94	1.80
中亞	2.62	2.38	2.13	2.03	1.84
南亞	2.28	2.08	1.87	1.81	1.74
印度	2.14	1.98	1.79	1.74	1.71
巴基斯坦	3.24	2.79	2.27	2.11	1.81
東亞	1.81	1.81	1.78	1.77	1.76
中國大陸	1.66	1.70	1.73	1.75	1.76
臺灣	1.70	1.73	1.75	1.76	1.77
日本	1.24	1.37	1.53	1.58	1.67
韓國	1.37	1.45	1.57	1.60	1.67
東南亞	1.08	1.18	1.44	1.52	1.67
加勒比海地區	2.14	2.01	1.86	1.81	1.77
中美洲	2.11	1.98	1.83	1.79	1.74
南美洲	2.11	1.93	1.77	1.75	1.74
澳洲	1.87	1.77	1.71	1.70	1.72
紐西蘭	1.78	1.75	1.72	1.72	1.74
大洋洲（紐澳以外）	1.85	1.79	1.74	1.73	1.74
歐洲	3.27	2.97	2.56	2.40	1.99
北美洲	1.62	1.67	1.73	1.74	1.77
加拿大	1.48	1.50	1.59	1.63	1.71
美國	1.78	1.80	1.81	1.81	1.82

 ## 5-4　人口老化對 PSR 的影響

　　PSR 即 Potential Support Ratio 的縮寫，中譯為「潛在支持比」，其計算公式為：青壯年人口（15～64 歲）÷老年人口（65 歲以上），是一種「青壯年人口撫養老年人口」的負擔衡量值。若衡量值越大，表示潛在支持比越高，青壯年人口扶養壓力就會較小。反之，則潛在支持比變小，則扶養壓力就會較大。根據《世界人口展望 2019》的統計及預測，2020 年、2030 年、2050 年、2065 年、2100 年的各地區的 PSR 將如表 5.5 所示，較發達國家（more developed countries）或地區的 PSR 偏低，欠發達國家（less developed countries）或最不發達國家（least developed countries）則偏高。2020 年 PSR 最高的地區為撒哈拉沙漠以南非洲（Sub-Saharan Africa），為 14.4；最低的國家則是日本，為 1.9。到了 2050 年，前者還有 10.9，後者則為 1.2。到了 2100 年，前者降至 4.4，依然居全世界之冠，日本仍是 1.2。至於其他地區與國家，則皆在 2 與 1 之間。至於其他地區和國家，如巴基斯坦、大洋洲（紐澳以外）還在 3 以上，其餘地區與國家則皆在 2 與 1 之間。足見到了 2100 年時，以數字相較，人口老化問題比諸現今，是否可視之為嚴重於三倍以上呢？因為當時的高齡者失能比率與退休年齡若與今日不同，則不可同日而語。若仍與今日相去不遠，則於其潛在支持比低於 3 的情況下，即不到三名青壯年人口須照顧一名老年人口，此種社會人口結構將出現失衡狀態，對於老年人口的照顧將成為社會沈重的負擔，這些負擔包括：老年人口增加而產生的健保（health care）、退休金（pension）和社會保障（social protection）及其他相關支出。

表 5.5　各地區 5 個年度的潛在支持比（來源：聯合國人口局資料）

地區或國家	2020 年	2030 年	2050 年	2065 年	2100 年
撒哈拉沙漠以南非洲	14.7	14.1	10.9	8.4	4.4
北非	9.2	7.2	4.9	4.0	2.7
西亞	9.9	7.4	4.1	3.2	2.2
中亞	10.6	6.9	5.0	3.8	2.6
南亞	9.3	7.4	4.6	3.2	2.1
印度	8.8	7.1	4.4	3.1	2.0
巴基斯坦	11.7	10.2	7.4	5.2	3.1
東亞	4.8	3.4	2.0	1.6	1.5
中國大陸	5.4	3.6	2.1	1.7	1.6
臺灣	4.2	2.5	1.4	1.2	1.4
日本	1.9	1.7	1.2	1.2	1.2
韓國	4.2	2.4	1.3	1.0	1.2
東南亞	8.4	5.8	3.5	2.8	1.9
加勒比海地區	5.4	4.2	3.0	2.5	1.8
中美洲	7.8	6.1	3.7	2.6	1.6
南美洲	6.3	4.7	2.8	2.1	1.6
澳洲	3.6	2.9	2.4	2.2	1.8
紐西蘭	3.5	2.7	2.3	2.0	1.6
大洋洲（紐澳以外）	12.2	10.0	7.3	6.0	3.8
歐洲	3.1	2.5	1.9	1.8	1.6
北美洲	3.5	2.7	2.4	2.1	1.8
加拿大	3.4	2.5	2.2	2.0	1.8
美國	3.5	2.8	2.5	2.2	1.8

5-5 從另外一個角度來看人口老化問題

雖然人口老化與生育率降低會拖累國家經濟，會造成勞動人口下滑，並讓全球經濟陷入「長期成長停滯」的危機，但時至今日，卻也有人認為危機就是轉機。他們認為在人口老化的社會裡，未嘗不是一個獲取「長壽紅利」（longevity dividend）的機會，亦即老人只要身體健康，腦筋清楚，就可以繼續貢獻一己之力。因為在人類歷史之中，人口老化確是人類一項非凡成就，它反映出人類對於公共衛生、醫藥、教育與經濟發展的貢獻。但是要獲取長壽紅利，就必須有所因應。目前各國所採行的措施，有以下幾種：

（一）全力發展健全的福利制度

（二）打造高齡友善環境

（三）延後法定退休年齡

（四）開發高齡勞動力

圖 5.1　提高老化人口的生活品質以獲取紅利的方法

　　這些措施，不但可以避免經濟成長的顯著衰退，更可以加強老化人口的生活品質，非常值得效法與實踐。

　　再者，伴隨人口老化而來的低生育率，雖會造成許多後遺症。在某些人眼中，卻可為年輕人帶來更多的教育機會，而且讓婦女更有機會參與勞動市場，從而改變她們的社會角色。此外，少子化也會讓孩子們更加健康、聰明，從而創造出教養更好的年輕世代。因此，低生育率等同於「有效勞動力」的增加，這表示它能更進一步推動經濟。同時，低出生率雖使受撫兒童人數降低，卻也抵消了受撫老年人的數量。此外，亦有研究指出，受撫老年人數的增加，並不會顯著地阻擋年均收入的成長。如果人們想要活得久一點，他們一定會為退休後的生活儲蓄許多金錢。用經濟術語來講，儲蓄會轉變成投資，投資會為引出與累積無窮的物質資源與人力資源，並刺激科技進步，成為經濟成長的基本動力。

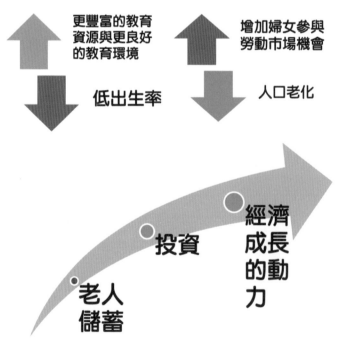

圖 5.2　低出生率與人口老化對經濟成長動力的影響

問題與討論

1. 由於醫療技術越來越進步，人類的平均壽命提升了許多。你認為究竟幾歲，才能成為政府的法定老人？

2. 臺灣的退休年齡是否太高或太低？是否須調整才能對臺灣有利？

3. 請列出世界幾個主要國家的退休年齡。

4. 少子化會提供學子更好的教育資源，這種論點你同意嗎？

MEMO

CHAPTER
06

認識經濟全球化
與全球移民議題

　　全球化是世界發展的必然過程與結果，只是全球化的速度有快慢之分。時代越早，速度越慢；時代越晚，速度越快。究竟何為全球化？定義甚多，不過望文生義，亦可略為解釋，即：各國之間與各地區之間的相互影響，彼此由「異」而趨向「同」的變化。再者，這個變化趨勢是全球性的，故稱之為全球化。全球化的內容與範疇相當龐大與複雜，可謂巨細靡遺，無所不至。為章節所限，本章將只從「經濟全球化」與「全球移民議題」此二方向來作論述，以說明當今世界各國息息相關之所由，以及牽一髮而動全身之緣故。

6-1　經濟全球化

　　經濟全球化對於多數人而言，不外是「跨國貿易」與「穿越國界的資金轉移」。其實這兩者自古有之，談經濟全球化固然不能捨此而言，但促成經濟全球化的元素尚有其他，而且這些元素對於經濟全球化而言，是絕對不可或缺的。沒有這些元素，儘管有「跨國貿易」與「穿越國家界限的資金轉移」，依然很難達到「經濟全球化」的程度。這些元素包括：科學與技術的進步、打破保護政策、多國公司的介入。

　　由於科學與技術的進步，使得運輸和通訊的價格下降，這是促使經濟全球化加速成長的重要元素。從 1930 年代以來，海洋運輸的價格跌了一半，航空運輸的價格跌了 85%，通訊的價格跌了 99%，使得人類可以實踐「天涯若比鄰」的夢想外，更讓人類得以大步邁向經濟全球化。再者，在 WTO（其前身為 GATT）成立後，更引領會員國去降低關稅或去除關稅障礙，使得國家與國家之間、地區與地區之間，打破保護政策而能貨暢其流；可以讓大量貨物無遠弗屆地進入他國或其他地區。此外，還有一項極為重要的元素，那就是多國公司（Multinational Corporation, MNC）的介入。

圖 6.1　全球化的重要元素

　　多國公司是一種企業，在許多國家設有公司或工廠。多國公司由於企業龐大，許多國家會採用各種手段來吸引它們投資，因此多國公司竟然成了經濟全球化的重要推手與主角。多國公司泰半使用獨占技術與智慧財產權的方式來控制投資國，它們用這種方式來防止投資國企業的發展，並藉此壓低投資國工人的工資，它們甚至用撤資來恐嚇投資國。不過，經濟全球化的確已經增加全世界國家在經濟上的相互依賴程度，職是之故，物資、服務、技術或資金將會因此由我國穿越國界而去，或由他國穿越我國國界而來。但能讓物資、服務、技術或資金在國與國之間運轉自如，唯有多國公司具有這種實力。再者，經濟全球化對於開發中國家是福抑禍，說法莫衷一是。但它讓開發中國家強烈依賴已開發國家，卻是不爭的事實。其中，多國公司極可能扮演著影武者的角色。總之，多國公司使用資金來控制投資國，並以低價來獲取這些國家的資源，以及壓榨工人的勞力。此等手段與目的，已讓他們被視為是一種新帝國主義或經濟帝國主義。

　　茲將當今著名的多國公司，列於下方，以供參考與認識：西門子公司、Adobe、蘋果公司、英國石油公司、可口可樂、日立、迪士尼、飛利浦、Google、本田、滙豐集團、IBM、麥當勞、微軟、任天堂、日產汽車、殼牌、三星集團、索尼、福特汽車、東芝、豐田、雅虎、Intel、HTC、創見資訊、Nvidia、LG、現代集團……等等。

圖 6.2　由中國被全球化，即可知道多國公司的力量有多強

6-2 全球移民議題

全球化打開了國家邊界，讓各國的貨物與產品自由流通，同時也讓人們更加自由地在世界各地移民。依據 International Migration 2020 Highlights，全球移民人數在 2020 年已達到 2.81 億，占全球人口的 3.6%。新冠肺炎的大流行在 2020 年嚴重阻斷了各種形式的人類遷移，根據初步統計，在 2020 年中期，新冠肺炎大流行已降低了 200 萬的國際移民數量。

在 2020 年，約有三分之二的國際移民住在僅僅 20 個國家裡，美國仍是國際移民的最大移民目的地，收納了五千一百萬個移民，占全球移民數量的 18%。德國的移民收容量為全世界第二，收容了大約一千六百萬個移民。沙烏地阿拉伯的移民收容量為全世界第三，約收容一千三百萬個移民。俄羅斯則收容了一千二百萬移民，英國和北愛爾蘭則收容了九百萬個移民。

2020 年的全球移民中，20~64 歲的移民占 73%。這個數量相當驚人，因為 20~64 歲的人口占全世界人口的 57%。這些工作人口有 19%移往高所得國家，只有 2%移往中所得國家與低所得國家。若排除這些移民，則高所得國家的「扶老比」（old-age dependency ratio）於 2020 年會上升約三個百分比。

2020 年的女性移民數量略高於男性移民的地區為歐洲、北美洲與大洋洲，至於北非、西亞與撒哈拉沙漠以南的非洲，則男性移民數量明顯高於女性。究其原因，則是各地的工作性質所引起。此外，從 2000 年到 2020 年間，難民（refugees）和尋求政治庇護者（asylum seekers）的移民數量，已從 17 億翻倍到 34 億。故到了 2020 年，這兩種移民的數量占了全球移民數量的 12%，超越了前二十年的 9.5%。

圖 6.3　印度、墨西哥、俄羅斯、中國的移民數占移民輸出國的前 4 位，他們最想移民
　　　　的國家都是美國

　　移民的形式則有技術移民、勞務移民、投資移民、家庭團聚移民、
婚姻移民、留學移民及政治移民。其中最普遍者為經濟因素支配下的技
術移民與勞務移民。這兩種移民在進入移入國後，提供了分工合作的角
色。就以勞務移民而言，這些移民大都是從開發中國家移出，他們通常
都會從事移入國人民不願意或不能做的事。有時，他們可能會工作超
時，甚至受到低工資待遇到被剝削的地步，但這對於移入國的利益而
言，無疑是具有「貢獻」的。至於技術移民對於移入國，則具有高度的
貢獻，他們能擴大移入國的人才庫，提供移入國國力提升的機會。不
過，技術移民也會造成移出國的人才外流（Brain Drain）困境。經濟合
作與發展組織（Organization for Economic Co-operation and Development，
OECD）以及聯合國經濟與社會事務部（the United Nations Department of

Economic and Social Affairs，UNDESA）2013 年共同發表的《世界移民數據》（World Migration in Figure）亦指出：從 2000 年 1 月至 2010 年 11 月十年間，進入 OECD 國家的高等教育（tertiary educated）移民人數，增加了 70%，達到了 27 億。在 OECD 地區的所有移民中，受高等教育的人占了 30%，其中 1/5 的人來自印度、中國或菲律賓。雖然這種現象對移入國有益，對移出國卻絕對不是件好事。

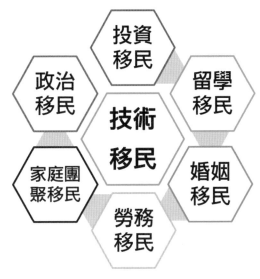

圖 6.4　在各類移民中，技術移民最受各國歡迎，最受剝削者為勞務移民

此外，由於移入國多為已開發國家，而已開發國家的生育率近年降低許多。從開發中國家來的移民對移入國的生育率，亦具相當的幫助。再者，移民對移入國的另一項貢獻，則是提供其獨特背景、經驗與能力，對於移入國的本質可以提供刺激與革新的作用。不過，移民也為各移入國製造了許多問題，這主要牽涉兩個或多個文化摩擦與激盪的結果。如果要解決這些問題，除了要彼此磨合外，還要了解彼此的文化，包融對方文化，進而創造出一種新的文化，才是真正的對應之道。

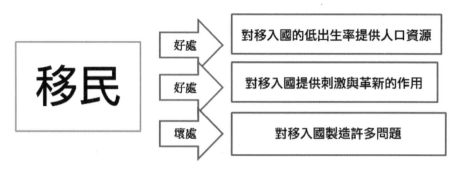

圖 6.5　接納移民人口的優劣考量

問題與討論

1. 請問經濟全球化還有哪些元素，本課尚未提及？請你提出並加以敘述。

2. 請提出一家多國公司，並提出它對未開發國家的經商之道。

3. 請問還有哪種移民，本課尚未提及？請你提出並加以敘述。

4. 如果你要移民，哪一個國家是你的首選。為什麼？

MEMO

認識多元文化

7-1 何謂多元文化

　　多元文化（multi-culture），又稱為文化多樣性（cultural diversity）一定要對「文化」二字有所詮釋。當今最具權威的解釋，應屬聯合國教科文組織於 2001 年通過的《世界文化多樣性宣言》（Universal Declaration on Cultural Diversity）。該宣言於前言對於「文化」，有以下的詮釋：「重申文化應被視為：社會或某個社群獨有的（distinctive）精神、物質、智力與情感的特點（features）。這些特點是成套的，除了藝術、文學外，它還包含生活型態、共居生活方式、價值系統、傳統與信仰。」

　　由此觀之，文化確實是一個極為複雜的系統。由於篇幅所限，無法一一論及，只能討論其「多樣性」或「多元性」。再者，從 distinctive 與 features 兩個關鍵字觀之，可見「文化」本身就是一個「萬花筒」，多采多姿，百家齊鳴，百花齊放。故無論從「地球村」或「文化」自身的角度觀之，文化原本就具有「多樣性」或「多元性」的現象。然則，人類存活於多元文化之中，就要理解這個現象，進而尊重其他文化。因為異文化之間是很難融合為一體的，美國學者 Michael D. Lee 在《文化多樣性》（Cultural Diversity）一文中，便主張「大熔爐」（melting pot）一詞並不正確。他表示：「過去，美國的民族志學者一向看待我們國家為大熔爐。在美國，新移民最終將完全融入美國文化。很明顯地，這從未發生過。因此，現代的研究人員已經開始不把美國說成田園沙拉。在美國，不同的多樣文化與歐美文化混合後形成了一道餐點。其中，各式各樣的成分，仍然容易分辨。」對於這個現象，他很高興地表示：「文化多樣性，讓美國成為所有住民覺得越來越有趣的地方。」

　　另外還有一篇討論文化多樣性的文章，登載於 my learning 網站，則是提及英國如何受惠於多元文化與珍視多元文化的重要性。文章首先從

食物、音樂與衣服講起，他表示，英國人喜歡吃的咖哩飯，係於西元1773 年從印度引入。其次講到英語，他表示，英語除由盎格魯人、撒克森人、維京人與法國人等侵略者的語言發展而成外，外國移民亦對英語新字貢獻良多。文末，作者提及今日英國約有超過 400 萬人口的少數民族（ethnic minority），這些人對英國文化，亦出力甚多，卻未受到應有的關注。他認為從古至今，每一群定居英國的人，都帶來了不同的食物、時尚、語言與生活形態。先來者以前如此貢獻，後來者亦將繼續如此貢獻下去。故他主張，我們要理解與尊重別人的信仰與生活方式，就像我們期待別人尊重我們的信仰與生活方式一樣。我們必須支持他人延續其文化傳統，也要感激異國文化對於豐富英國文化內容的持續貢獻。

故對於文化多樣性，要讓它們繼續呈現大拼盤的狀態，也不要強行讓它們融合為一，或將其他文化消滅。我們從《世界文化多樣性宣言》的部分條文，就可明白這種態度的重要性與必要性。

首先須知道的，是這篇宣言通過於 2001 年阿富汗巴米揚大佛（the statues of Bamyan in Afghanistan）被破壞之後，聯合國教科文組織博科娃總幹事（Irisna Bokova, Director-General of UNESCO）於 2015 年 5 月21 日在「世界文化多樣性促進對話和發展日」的致辭如是云。她表示：「該宣言提供給人類在全球化世界裡共處的指南，確認了對於文化多樣性的尊敬與對於人權的尊敬是密不可分的。」的確，根據宣言第五條，條文部分內容如下：「文化權利（cultural rights）是人權不可或缺的一部分，繁茂的創造力多樣性需要文化權利的完整實踐（full implementation）。此係明定於《世界人權宣言》（the Universal Declaration of Human Rights）第二十七條與《國際經濟、社會、文化權利公約》（the International Covenant on Economic, Social, and Cultural Rights）第十三條和第十五條，故所有人都有權利使用他們選擇的語言來表達自己，以及創作、宣傳他們的作品；所有人都有權利去接受充分

尊重其文化特性的優質教育和訓練；所有人都有權利去參加他們選擇的文化生活與進行他們自己的文化活動，但須以尊重人權與基本自由為前提。」

其次，讓我們來看看為何須要尊重與維護文化多樣性。除了文化權利是人權的一部分外，還有以下 2 點值得注意。

（一）為了追求世界和平

聯合國教科文組織博科娃總幹事於 2015 年 5 月 21 日在「世界文化多樣性促進對話和發展日」的致辭表示：「70 年前，聯合國教科文組織的創始人們表達一個簡單的信念：正因為對於彼此處事方法與生活無知，會加深人民之間的不信任與誤解，所以追求和平須要加強文化與文化之間、人民與人民之間的相互認知，以提升相互之間更進一步了解。」我們從阿富汗米揚大佛被毀壞與伊斯蘭國屠殺非遜尼派人士，便可知道尊重文化多樣性有多麼重要了。因為如果不尊重異文化，極可能會產生消滅該文化之心，進而有所舉動而引起反抗。如此一來，世界和平便會遭受嚴重的破壞。

（二）為了交流、革新與創造力

博科娃總幹事在同一篇致辭裡，沉重地呼籲：「今天，文化多樣性正遭受殘暴極端分子的攻擊。他們毀壞遺產，處決少數族群。」她認為這些人是罪犯，因為「在這個紛雜多樣的世界上，破壞文化就是犯罪。」他們想要的「齊一性」（uniformity）對於人類而言，乃是一條「死路」（dead-end）他們全然不知道「文化多樣性是我們的共同遺產和人類的最大機會。它掌握著重生與動力的希望，是革新與發展的發動機，它也促進對話、發現與合作。」博科娃總幹事如此說，係在詮釋宣言第一條部分內容而有所發揮。由於文化自身的多樣性，使得文化充滿了許多可能性。故宣言第一條部分內容，對於文化多樣性，不但具體描

述其產生的功能，而且還把它拿來和自然界相比擬，表示：「作為交流、革新與創造力的來源，人類需要文化多樣性，正如自然界需要生物多樣性（bio-diversity）一樣。」職是之故，文化多樣性亦為人類生存繁衍的不二法門，而其生存之道，則有賴交流、革新與創造力。

7-2　三種文化學說

　　雖然文化多樣性是一種很好的現象，但在維護它之前，最重要的事，卻是要認識它的多樣性內容，亦即世界有哪些文化，其內容為何。不過，本書為篇幅所限，無法詳述各種文化，只能粗略介紹各國文化的基本輪廓，並且將以介紹專家學者的研究結果來進行介紹。首先，是 Richard Lewis 的文化論；其次，是 Richard Inglehart 和 Christian Welzel 的 World Values Survey Map；其三，則是 Samuel P. Huntington 的文明衝突。

（一）Richard Lewis 的文化論

　　此種文化論被稱為「跨文化溝通的路易斯模式」（The Lewis Model of Cross-Culture Communication），發明者 Richard Lewis 將人類文化分為三個範疇（categorization），即：直線作用文化（linear-active culture）、多重作用文化（multi-active culture）、反應作用文化（re-active culture）。這三個範疇乃是國家規範（national norm），即使經過一段時間，也不會產生顯著的變化。Richard Lewis 主張：不同文化的人，其行為存在著傾向、程序與傳統。美洲人、歐洲人與亞洲人的反應，都是可以預測的。

1. 直線作用文化：做事講求結果、言語適中、照表操課、按部就班、注重禮貌、邏輯應事、忽略情感、喜用文字溝通、壓抑身體語言。

2. 多重作用文化：做事講求人際關係、口若懸河、一心多用、計畫粗略、不拘小節、情緒應事、好表情感、喜用言語溝通、濫用身體語言。

3. 反應作用文化：做事講求和諧、言語極少、反應敏銳、講究原則、態度恭敬、迂迴應事、壓抑情感、喜用會面溝通、身體語言精緻。

　　為了呈現這三個範疇分布於世界的情形，Richard Lewis 畫了一個等邊三角形，將許多國家排列於上，以表達它們在三個範疇之間的位置與傾向。它的三個角分別代表三種文化類型的純粹表現。等邊三角形的每個邊均排列著 7 顆球，每顆球都標記著數目不等的國家，再根據它們與 3 個頂點的距離，來表現它們歸屬的文化類型及程度的多寡。這個等邊三角型稱為 Richard Lewis 模型文化，可以作為 Richard Lewis 撰寫的 When Cultures Collide: Leading Across Cultures 一書的縮影。

　　由此模型，可得以下推論：

1. 除三個頂點外，許多國家都分布在三個頂點之間，表示其文化內涵介於兩個範疇之間，如此便可避免「定型化」（stereotyping）的指責。例如：韓國、泰國、印尼、馬來西亞、菲律賓係介於反應作用文化與多重作用文化之間，而較趨向反應作用文化。沙烏地阿拉伯、伊拉克、阿拉伯聯合大公國、奈及利亞、蘇丹、塞內加爾亦介於反應作用文化與多重作用文化之間，而較趨向多重作用文化。此外，印度、巴基斯坦則介於反應作用文化與多重作用文化的中間，表示其國的文化，反應作用者與多重作用者皆有，而且成分平均，旗鼓相當。

2. 等邊三角形上的國家位置，均與其地理、宗教、移民、殖民母國等元素之影響，息息相關。茲說明於下：

(1) 受地理影響

東北亞、東南亞國家與地區趨向反應作用文化範疇，如：中國大陸、日本、韓國、臺灣、香港（以上屬東北亞）、新加坡、印尼、馬來西亞、菲律賓、越南（以上屬東南亞）皆是。

中東、非洲、中南美洲、南歐、部分歐洲前共黨國家、前蘇聯地區國家則趨向多重作用文化範疇，如：土耳其、伊朗、伊拉克、沙烏地阿拉伯、阿拉伯聯合大公國（以上屬中東）、阿爾及利亞、安哥拉、奈及利亞、蘇丹、塞內加爾（以上屬非洲）、墨西哥、哥倫比亞、秘魯、玻利維亞、委內瑞拉、巴西、智利（以上屬中南美洲）、義大利、西班牙、葡萄牙、希臘、法國（以上屬南歐）、保加利亞、斯諾伐克、克羅埃西亞、羅馬尼亞、波蘭、匈牙利（以上屬部分歐洲前共黨國家）、俄羅斯、立陶宛（以上屬前蘇聯地區國家）。

北歐、西歐、中歐、部分歐洲前共黨國家、少數前蘇聯地區、北美、大洋洲則趨向直線作用文化，如：丹麥、挪威、芬蘭、瑞典（以上屬北歐）、英國、愛爾蘭、荷蘭、盧森堡（以上屬西歐）、德國、奧地利、瑞士（以上屬中歐）、捷克、斯洛維尼亞（以上屬部分歐洲前共黨國家）、愛沙尼亞、拉脫維亞（以上屬少數前蘇聯地區國家）美國（以上屬北美洲）、澳洲（以上屬大洋洲）。

南亞則因位在亞洲，又靠近中東，故其介於反應作用文化與多重作用文化的中間，印度、巴基斯坦為其代表國家。

以色列位在中東，為多重作用文化的地區，然該國的宗教為猶太教，其行為價值則傾向直線作用文化，故介於直線作用文化與多重作用文化之間。

(2) 受宗教影響

屬於儒教的國家，則趨向反應作用文化。如：中國大陸、日本、韓國、臺灣、香港、新加坡皆屬之。

屬於伊斯蘭教的國家，則趨向多重作用文化。如：土耳其、伊朗、沙烏地阿拉伯、伊拉克、阿拉伯聯合大公國、蘇丹、塞內加爾、奈及利亞、阿爾及利亞。

屬於天主教的國家，則趨向多重作用文化。如：墨西哥、哥倫比亞、秘魯、玻利維亞、智利、巴西、委內瑞拉、義大利、西班牙、葡萄牙、法國、波蘭、斯洛伐克、克羅埃西亞、匈牙利、立陶宛。

屬於東正教的國家，則趨向多重作用文化。如：羅馬尼亞與俄羅斯。

有三個天主教國家則較為例外，如：愛爾蘭、盧森堡、斯洛維尼亞，則屬於直線作用文化。愛爾蘭與盧森堡可能因為地緣關係，至於斯洛維尼亞則不明所以。

屬於基督教的國家，則趨向直線作用文化。如：英國、德國、瑞士、挪威、丹麥、芬蘭、瑞典、奧地利。

宗教觀念淡薄的國家或基督教與天主教旗鼓相當的國家，亦趨向直線作用文化，如捷克、愛沙尼亞屬於前者，拉脫維亞則屬於後者。

此外，屬於猶太教的國家如以色列，雖位在中東地區，與伊斯蘭教不同，卻為基督宗教之源頭，故介於直線作用文化與多重作用文化之間。

(3) 受移民影響

比利時雖位在西歐，但與法國相鄰，又和荷蘭、德國接壤，深受三國移民影響，故作者將其介於直線作用文化與多重作用文化中間。

加拿大雖位在北美洲，但由於大量亞洲移民湧入，故作者將其介於直線作用文化與反應作用文化之間。

(4) 受殖民母國影響

南非由於受到英國殖民，故其雖在非洲，理應趨向多重作用文化，然亦應受到英國影響極大，而英國屬於直線文化，故作者將其介於二種文化範疇之間。

（二）Ronald Inglehart 和 Christian Welzel 的 Inglehart-Welzel Cultural Map

Inglehart-Welzel Cultural Map 是一種文化地圖，這個地圖由 Ronald Inglehart 和 Christian Welzel 創造而出。他們主張，在這個世界裡，有兩個主要範疇及兩組價值相互反對的文化變量。它們分別是：「傳統價值」（Traditional Values）與「世俗理性價值」（Secular-Rational Values），「生存價值」（Survival Values）與「自我表達價值」（Self-Expression Values）。X 軸的負數範圍屬「生存價值」，0 以上數據範圍屬「自我表達價值」；Y 軸的負數範圍屬「傳統價值」，0 以上數據範圍屬「世俗理性價值」。越負數，則越趨向「生存價值」與「傳統價值」；正數越大，則越趨向「自我表達價值」與「世俗理性價值」。

1. 四種價值的內容

「傳統價值」強調「宗教的重要性」、「父母與子女的聯繫」、「對權威和傳統家庭價值的服從」。擁抱上述這些價值的人，亦排斥離婚、墮胎、安樂死與自殺。這些社會擁有高度的民族自豪感（national pride）與民族主義觀點（nationalistic outlook）。「世俗－理性價值」則反之，較不重視宗教、傳統家庭價值與權威。離婚、墮胎、安樂死與自殺似乎相對較被接受。

「生存價值」強調經濟與人身安全，擁有此種價值的人，常懷有種族中心觀念，其對他人的信任與容忍，程度較低。「自我－表達價值」強調環境保護，對外國人、同性戀者與性別平等，頗能容忍；要求自已能夠參與決定有關政經生活的意見。

2. 世界各國在四種價值之間的落點

根據 2015 年 Inglehart-Welzel Cultural Cultural Map（請上 World Values Survey 網站瀏覽），全世界 Survival vs. Secular-Rational Values（以下稱 X 軸值）與 Traditional vs. Self-Expression Values（以下稱 Y 軸值）最高的地區是清教徒歐洲（Protestant Europe）地區，其 X 軸值約介於 0,6～2,25 之間，Y 軸值約介於 0,5～2,0 之間，傾向 Self-Expression Values 與 Secular-Rational Value；其中，X 軸值與 Y 軸值（以下稱雙值）最高的國家是瑞典（Sweden），其 X 軸值約為 2,25，Y 軸值約為 2,0。X 軸值最低的國家為德國（Germany），約為 0,6；Y 軸值最低的國家為冰島（Iceland），約為 0,5。

反之，X 軸值與 Y 軸值最低的地區是非洲－伊斯蘭（African-Islamic）地區，其 X 軸值約介於-1,6～0,25 之間，Y 軸值約介於-2,25～0,0 之間，傾向 Survival Values 與 Traditional Values；其中，X 軸值最高的國家為卡達（Qatar），約為 0,25；Y 軸值最高的國家為黎巴嫩（Lebanon）與巴林（Bahrain），約為 0,0。X 軸值最低的國家為突尼西亞（Tunisia），約為-1,6；Y 軸值最低的國家為卡達（Qatar），約為-2,25。

拉丁美洲（Latin American）地區的 X 軸值約介於-0,2～1,25 之間，其 Y 軸值約介於-1,8～-0,4 之間，傾向 Self-Expression Values 與 Traditional Values；其中，X 軸值最高的國家為墨西哥（Mexico），約為 1,25。Y 軸值最高的國家為烏拉圭（Uruguay），約為-0,4。X 軸值最低的

國家為秘魯（Peru），約-0,2，Y 軸值最低的國家為千里達（Trinidad），約-1,8。

　　東正教（Orthodox）地區的 X 軸值約介於-1,7～-0,2，Y 軸值約介於-0,8～1,0 之間，傾向 Survival Values 與 Secular-Rational Values；其中，X 軸值最高的國家為馬其頓（Macedonia），約為-0,2。Y 軸值最高的國家為白俄羅斯（Belarus），約為 1,0。X 軸值最低的國家為摩爾多瓦（Moldova），約為-1,7；Y 軸值最低的國家為亞美尼亞（Armenia），約為-0,8。

　　波羅的海（Baltic）地區的 X 軸值約介於-1,2～0,75 之間，Y 軸值約介於 0,7～1,3 之間，傾向 Survival Values 與 Secular-Rational Values；其中，愛沙尼亞（Estonia）的雙值為該地區之冠，其 X 軸值約為 0,75，Y 軸值約為 1,3。X 軸值最低的國家為立陶宛（Lithuania），約為-1,2；Y 軸值最低的國家為拉脫維亞（Latvia），約為 0,7。

　　儒教（Confucian）地區的 X 軸值約介於-1,0～0,2 之間，其 Y 軸值約介於 0,9～1,7 之間，傾向 Survival Values 與 Secular-Rational Values；其中雙值最高的國家為日本（Japan），其 X 軸值約為 0,2，Y 軸值約為 1,7，比瑞典的 Y 軸值還要高。X 軸值最低的國家為中國（China），約為-1,0；Y 軸值最低的國家為南韓（S. Korea），約為 0,9。

　　天主教歐洲（Catholic Europe）地區的 X 軸值約介於-0,7～1,4 之間，Y 軸值約介於-0,2～1,2 之間，傾向 Secular-Rational Values 與 Self-Expression Values；其中，X 軸值最高的國家是安道爾（Andorra），約為 1,4。Y 軸值最高的國家是捷克（Czech Rep.），約為 1,2。X 軸值最低的國家是匈牙利（Hungary），約為-0,7。Y 軸值最低的國家是葡萄牙（Portugal），約為-0,2。

　　南亞（South Asia）地區的 X 軸值約介於-0.5～0.3 之間，Y 軸值約介於-0.4～0.0 之間，傾向於 Survival Values 與 Traditional Values；其中，雙值最高的國家是印度（India），其 X 軸值約 0.3，其 Y 軸值約 0.0；雙值最低的國家則是賽普路斯（Cyprus），其 X 軸值約-0.5，其 Y 軸值約-0.4。

　　英語系（English Speaking）地區的 X 軸值約介於-0.7～2.1，Y 軸值約介於 -0.8～0.2 之間，傾向 Self-Expression Values 與 Traditional Values。其中，X 軸值最高的國家為加拿大（Canada），約 2.1；Y 軸值最高的國家為澳洲（Australia），約 0.2。X 軸值最低的地區為北愛爾蘭（N. Ireland），約為-0.8；Y 軸值最低的國家為愛爾蘭（Ireland），約為-0.7。最令人注目的是美國（United States），其 X 軸值為 1.2，其 Y 軸值為-0.25，比英國、紐西蘭、澳洲、加拿大還要傾向 Traditional Values。

表 7.1　世界各國在 Inglehart-Welzel Cultural Map 四種價值之間的落點表解

地區	X 軸值範圍	Y 軸值範圍	代表國家
清教徒歐洲（Protestant Europe）地區	約介於 0.6～2.25 之間	約介於 0.5～2.0 之間	瑞典（Sweden）德國（Germany）冰島（Iceland）
	Self-Expression Values	Secular-Rational Values	
非洲－伊斯蘭（African-Islamic）地區	約介於-1.6～0.25 之間	介於-2.25～0.0 之間	卡達（Qatar）黎巴嫩（Lebanon）巴林（Bahrain）突尼西亞（Tunisia）
	Survival Values	Traditional Values	
拉丁美洲（Latin American）地區	約介於-0.2～1.25 之間	約介於-1.8～-0.4 之間	墨西哥（Mexico）烏拉圭（Uruguay）秘魯（Peru）千里達（Trinidad）
	Self-Expression Values	Traditional Values	

表 7.1　世界各國在 Inglehart-Welzel Cultural Map 四種價值之間的落點表解（續）

地區	X 軸值範圍	Y 軸值範圍	代表國家
東正教（Orthodox）地區	約介於-1,7～-0,2之間 Survival Values	約介於-0,8～1,0之間 Secular-Rational Values	北馬其頓（N. Macedonia） 白俄羅斯（Belarus） 摩爾多瓦（Moldova） 亞美尼亞（Armenia）
波羅的海（Baltic）地區	約介於-1,2～0,75之間 Survival Values	約介於 0,7～1,3之間 Secular-Rational Values	愛沙尼亞（Estonia） 立陶宛（Lithuania） 拉脫維亞（Latvia）
儒教（Confucian）地區	約介於-1,0～0,2之間 Survival Values	約介於 0,9～1,7之間 Secular-Rational Values	日本（Japan） 中國（China） 南韓（S. Korea）
天主教歐洲（Catholic Europe）地區	約介於-0,7～1,4之間 Self-Expression Values	約介於-0,2～1,2之間 Secular-Rational Values	安道爾（Andorra） 捷克（Czech Rep.） 匈牙利（Hungary） 葡萄牙（Portugal）
南亞（South Asia）地區	約介於-0,5～0,3之間 Survival Values	約介於-0,4～0,0之間 Traditional Values	印度（India） 賽普路斯（Cyprus）
英語系（English Speaking）地區	約介於-0,7～2,1之間 Self-Expression Values	約介於-0,8～0,2之間 Traditional Values	加拿大（Canada） 澳洲（Australia） 北愛爾蘭（N. Ireland） 愛爾蘭（Ireland）

（三）Samuel P. Huntington 的文明衝突

哈佛大學已故教授 Samuel P. Huntington 在其《文明的碰撞》（*The clash of civilizations*）一書中，提出後冷戰（post-war）的國際衝突，已不再是國家與意識型態之間的衝突，而是文明的衝突。蓋世界文化原本多元，由文化積累而成的文明，自然也會呈現多元。多元文明之間的衝突原因，可歸結為以下六點：

其一，文明認同在未來會越來越重要，未來世界將因多種文明接觸而重新塑形。這些文明包括西方文明、儒家文明、日本文明、伊斯蘭文明、印度文明、東正教文明、拉丁文明與非洲文明。未來世界的重要衝突，將會沿著這些文明之間的斷層線（fault lines）而發生，若不妥善處理，斷層線將演變為戰線（battle lines）。

圖 7.1　Huntington 認為世界有八種主要文明

　　其二，文明之間的差異其來有自，且根基穩固。文明乃因歷史、語言、文化、傳統、宗教等元素而產生差異。這些差異乃累積好幾個世紀而來，絕不會瞬間消失。加上全球化使文明之間的接觸越來越頻繁，不知不覺中強化了人類對文明的覺知，也讓人類察覺到自身文明與其他文明之間的異同。發現相同，自然相迎；發現有異，不免排斥。例如法國人對北非移民懷有敵意，對同為天主教的波蘭人移民，則接受度較高。同樣的，美國人對日本人的投資，懷抱負面觀點，對加拿大人與歐洲人的投資，則較有正面的看法。這些都是國家之間，因文明差異而出現「黨同伐異」的例證。

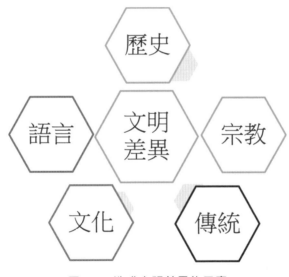

圖 7.2　造成文明差異的元素

　　其三，在眾多國家與宗教之中，許多活躍的基本教義派分子（fundamentalist），不但年輕，教育程度高，且是中產階級的技術人員、專業人員與企業家。針對這種現象，作者援引美國政治社會運動人士 George Weigel 的意見，表示：「世界的非世俗化活動（unsecularization），是二十世紀生活裡具有支配力量的社會真象……宗

教的復興（the revival of religion）提供了人們認同與承諾的基礎，這個認同與承諾超越了國家的界限與團結了文明。」非世俗化活動與宗教作用之大，由此可見。

其四，由於西方文明（Western civilization）正處巔峰狀態，對非西方文明（non-Western civilization）產生極大壓迫，使得後者紛紛展開尋根行動。放眼世界，不但西化（westernization）最成功的亞洲國家日本，喊出了「亞洲化」（Asianization）的口號；印度則從尼赫魯（Jawaharlal Nehru）時期以來，即有「印度化」（Hinduization）的使命；在學習西方思想的「國家主義」（nationalism）與「社會主義」（socialism）失敗後，中東亦有「重新伊斯蘭化」（re-Islamization）的呼聲。在葉爾欽（Boris Yeltsin）執政時期，俄羅斯也出現了究竟要「俄羅斯化」（Russianization）或「西方化」（Westernization）的爭辯。

其五，當發生階級衝突（class conflict）與意識型態衝突（ideology conflict）時，人們會問你：「你站哪邊？」（Which side are you on?）當發生文明衝突時，人們會問你：「你是什麼？」（What are you?）你若回答得不好，或講出了對方不想聽到的答案，你極可能因此送命。因為，宗教的性格鮮明而專制，斷不容信眾有二心。例如某人可以有雙重國籍，卻不可以同時具天主教徒與伊斯蘭教徒的身分。

其六，從 1980 開始，世界各地開始流行經濟地區主義（economic regionalism），至今方興未艾，後勢可期。此種主義植基於共同文明，成為地區組織成形的利器。例如有 10 個非阿拉伯的穆斯林國家，組成了「經濟合作組織」（Economic Cooperation Organization）。這 10 個國家分別是伊朗、巴基斯坦、土耳其、亞塞拜然、哈薩克、吉爾吉斯、土庫曼、塔吉克、烏茲別克、阿富汗。他們所以會成立這個組織，除了她們同屬伊斯蘭文明外，另一個原因就是她們無法進入歐洲共同體（European Community）。同樣的，中美洲共同市場（the Central

American Common Market, CARICOM）與南方共同市場（Mercado Comum do Sul, MERCOSUR）也都是以具有共同文明的國家為基礎而成立的。

由於以意識型態動員的力量越來越式微，越來越多的族群已開始以宗教與文明的認同來尋求支持與團結。這就是為何冷戰結束後，文明會發生碰撞，從而導致國際衝突的原因。

不過，總體而言，文明會發生碰撞，主要是由斷層線而起。雖然這些斷層線出現在各種文明之間，卻由於美國與歐盟的強大與動輒干涉各地事務，使得今日的最大斷層線出現在西方文明與非西方文明之間，導致雙方的碰撞，從而產生今日各地的文明衝突。作者所以如此一刀切，將世界文明分為西方文明與非西方文明，乃因西方文明太過強大，使得非西方文明的儒家文明、東正教文明與伊斯蘭文明產生相互結盟以求足以抗衡的均勢，故作者如此分之。然而，作者並非藉此以鼓吹文明之間的抗衡，其目的乃在勸導西方文明要用心看待此種趨勢，力圖解決之。其解決之道，敘述如下：

西方文明是「既西方且現代」（both Western and modern），非西方文明則「要現代而不要西方」（attempted to become modern without becoming Western）。後者的方法，是將現代化與自己的傳統相調和。職是之故，當非西方文明的經濟與武力與西方文明接近時，其傳統文化與價值又與西方文明相遠。如此一來，雙方衝突勢必難免。故作者主張解決之道有二：其一，維持自己的經濟與武力；其二，要理解非西方文明的宗教與哲學，並了解這些文明的人民如何看待他們的利益。此外，也要努力去確認西方文明與非西方文明之間的「共性元素」。須知，在可見的未來，勢將不會出現一種普及的文明（universal civilization），而是持續存在不同的文明，每個文明皆須學習與其他文明共存，「求同存異」將是文明之間相處的最佳之道。

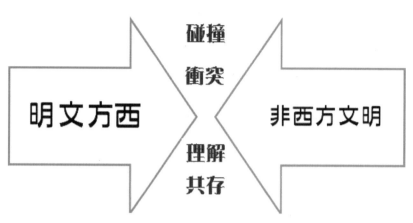

圖 7.3　文明之間歷經碰撞後產生衝突，衝突後經由理解，才能共存

問題與討論

1. 請拍攝身邊發生的多元文化現象，並用優美的文字詮釋這張照片。

2. 請問西方文明為何不是普世價值？請舉例說明。

3. 請畫出一張世界宗教地圖。

MEMO

搭起友誼的橋樑

世界本是國際村，文化多元無庸疑，若要通行無齟齬，入鄉問俗方合宜，只緣文化太多元，窮盡一身難習畢，豈有祕訣行無礙？請看下文說仔細。

8-1 文化多元，故與各國人士相處，應因地制宜

不同文化會外顯於人類的行為、習俗與節日之上，例如紐西蘭的毛利人（the Maori）會對人吐舌頭與發出吵鬧的聲音，外國人會以為他來者不善，怎知他原來是在打招呼。其實，毛利人這種行為在以前，確是用來嚇走敵人。不過，現在不用打仗了，這種退敵的行為反而變成了一種友好的表示。

由此可知，打招呼的方式會因為文化不同而出現差異。籠統言之，像西方人打招呼，一向以「肌膚之親」的方式進行，例如握手、摩擦鼻子、親吻手背、親吻臉頰、擁抱。東方人則與之相反，連握手都不做，遑論摩擦鼻子、親吻手背、親吻臉頰、擁抱。如中國人昔日打招呼的方式，不是點頭，就是打躬作揖，日本人則是喜愛行鞠躬禮。這反映了一個事實，那就是東方人較保守，西方人較開放。

的確，因為文化的差異，打招呼還出現了許多匪夷所思的方式。像非洲的辛巴威，人們用擠壓對方的拇指以表達親近之意。歐洲的希臘人則以輕拍對方的背來表達友誼，這對中國人而言是不可思議的行為。因為拍背對中國人而言，是要壓倒對方氣勢，要帶給對方惡運。畢竟「背」這個字在中文裡，就是運氣不好的意思。

　　打招呼還可以讓我們聯想到身體語言。身體語言是一種 sign，其傳達意思的作用有時會比口語還來得強效。如給對方來一個眨眼，其親切之意可能會勝過千言萬語。不過，各國有不同的文化，在美國，眨眼可以表達親切。但是在澳洲，對婦女眨眼，可就是不禮貌的行為了。此外，在北美洲比個 OK 手勢，大家都知道就是 OK 的意思。但是在法國，它的意思卻大大不同，竟然變成了「零」或「一文不值」的意思。在德國或巴西，這個如此 OK 的手勢，卻會被認為是「粗魯」，著實令人匪夷所思。在日本，則更有趣，竟然是「錢」的意思。再者，在保加利亞（Bulgaria）、希臘（Greece）與斯里蘭卡（Sri Lanka）與我們認知頗為相反，竟然用左右搖頭來表示「是」，用上下點頭來表示「否」。泰國人（Thais）竟然用下巴來指示物體，而不是像我們用手或手指來進行。

圖 8.1　相同一個手勢，在不同的文化裡，竟然意思大有不同

　　職是之故，我們與各國人士相處，實應因地制宜，切莫相信有「國際標準」的行為、習俗與節日。更不要相信所謂「美國化」（Americanization）就是「國際化」（internationalization），否則就會出現歧視「非美國化」（non-Americanization）的文化偏見（cultural myopia）。如果任由這種情形蔓延下去，再經由強國的推波助瀾，很容易就會發生「文化帝國主義」（cultural imperialism）。

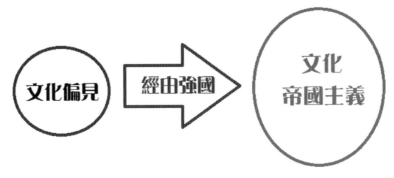

圖 8.2　文化偏見與文化帝國主義是一體兩面，國家強大，加上文化偏見，便會以己度人，妄將自己文化強加人身，極易形成文化帝國主義

　　其實，這種文化偏見所在多有，因為我們都會以己度人，例如我們一向認為參加婚禮，要送紅包。日本人則送白包。我們送人紅包的金錢，必定是雙數，日本人則必定送單數錢。這是因為日本人認為白色代表「純潔」，單數則是因為不容易分（整除），和我們喜歡雙雙對對的習俗不同。如果我們了解這種差異的原因後，就不會用自己的角度去認為他人「怪異」了。還有，也千萬不要以為參加西方人婚禮不必送錢。如果你有機會參加希臘人或土耳其（Turkey）人的婚禮時，就要準備 100 歐元或 100 元美金去掛在或別在新郎或新娘的身上，如果能掛黃金，則會更受歡迎。

現在，再回到我們身上，不知你還記得嗎？我們不會送別人「鐘」、「傘」；女兒出嫁時，為什麼娘家人要「潑水」與「丟扇子」；到醫院去也很少會看到 4 樓；拜拜不能用「釋迦」作祭品；端午節除了吃粽子外，還要吃「茄子」、「豆乾」、「豆子」；吃年夜飯，「魚」要放在旁邊「看」而不能吃；過年時還要吃年糕；這是為什麼呢？與我們不同文化的外國人，一定會丈二金剛，摸不著頭腦。

同樣的，在國外也有許多習俗與禁忌，其中最有名的，就是「13 號星期五」。起源之一是來自《聖經》中的「最後的晚餐」（last supper），相傳耶穌（Jesus）遭其門徒之一的猶大（Judah）出賣而遭逮捕當天就是星期五，而且猶大是最後的晚餐中的第 13 位客人。因此，在西方信仰基督教、天主教與東正教的地區，都將這個日子看待為不幸與不吉利的日子，簡直是諸事不宜。另一有名的禁忌，則是穆斯林不能吃豬肉。因為《可蘭經》（Quran）第五章提到相關規定，穆罕默德（Muhammad）強調：「死獸之肉、血、豬肉，以及獻給邪神的肉類，乃至於被絞殺、打殺、墜落而死的動物，被其他動物角刺殺的動物以及猛獸吃剩下的肉，都不可食用。」故與穆斯林相處，千萬不要犯了「豬肉」的相關禁忌。

另外，在國外，有些可以做的事，其實也有禁忌存乎其中。例如「見面親吻」一事，在歐洲，男人之間不會做這件事，他們通常會行握手禮。親吻禮只能行之於異性之間或女性之間。但是在中東，則與之相反，男人之間可以親吻對方臉頰，男女之間則禁止行之。不過，這對我們應該不成問題。因為我們到現在還未養成與人行親吻禮的習慣或習俗。

再者，有關言辭表達，西方人會比較直接，會精確說出心中所想。東方人則會比較隱晦，讓自己的言語不致困擾上司或同事。在西方社會，公開不同意某人或直接抱怨，眾人不以為迕。在東方社會，若如此行事，則容易招致批評為沒禮貌。

　　由此可知，世界之廣大，文化之多元，要與各國人士相處，對其民情與風俗，真的要抱持「入鄉問俗」與「活到老學到老」的態度，才是不二法門。否則你如何會知道與阿拉伯人談話時，用手指著他的腳或問他有關其家族女性的健康，是沒禮貌的。你又如何會知道，在歐洲某些國家，送黃色的花給某位女性時，是表示她對丈夫不忠；這就好像在華人地區，送綠色的帽子給某位男性一樣的突兀。你又如何會知道，妥協（compromise）這個字，在中東地區是極為不妥也不協的字眼。在此地談判，若說「妥協一下吧」這句話，會招致抗議，因為此乃示弱的行為，所以要找個大家都能接受的說法才行。

8-2　要克服文化衝擊（cultural shock）

　　與各國人士相處，一定會發生文化衝擊。這種衝擊實來自你戴的某種無形的「有色眼鏡」，它會讓你陷入「以己度人」的困境。例如臺灣人戴起有色眼鏡看日本人時，就會覺得日本人「有禮無體」；日本人戴起有色眼鏡看臺灣人，就會說出「貪財、怕死、愛做官」之類的混話。德國人戴起有色眼鏡看西班牙人時，會覺得西班牙人粗魯、不仔細。西班牙人戴起有色眼鏡看德國人時，會覺得德國人假正經、錙銖必較。甚至美國人戴起有色眼鏡看日本人時，會覺得日本人禮儀過度。日本人戴起有色眼鏡看美國人時，會覺得美國人未免太過直接。

　　要克服文化衝擊，就必須具有「同理心」（empathy），亦即以耐心接受不同的事物，而且用正面的態度來看待它，以化敵為友，建立和諧的關係。至於要如何才能做，才能讓自己具有同理心？那就是「站在別人的立場思考」（stand in somebody's shoes）。如南歐人不斷地注視你時，先別認為他是粗魯，反而可以認為他重視你且熱情洋溢。又如遇到北歐人表現比較直接時，先別認為他沒禮貌，反而可以認為他是誠實且實事求是。

至於讓自己具有同理心，有以下三種方法：

（一）首先，千萬別以己度人，要有「多元化」的認知，能夠理解與容忍與我之「異」。

（二）要入鄉問俗，活到老，學到老。以知識去克服無知，才能避免做出冒犯異國人士的行為。

（三）要有耐心與好奇心，去挖掘異文化裡每件事背後的意義，甚至要朝於斯，夕於斯，日日為之，逐漸累積成果，一旦豁然開朗，你就能克服不斷襲來的文化衝擊。

脫掉有色眼鏡 ⇨ 去除偏見 ⇨ 建立同理心

圖 8.3　脫掉有色眼鏡，是搭起友誼的橋樑之不二法門

問題與討論

1. 你同意切莫相信由多元文化而外顯的行為、習俗或節日有「國際標準」存在嗎？

2. 可否再補充同理心的其他特質？

MEMO

MEMO

MEMO

MEMO

MEMO

MEMO

MEMO

國家圖書館出版品預行編目資料

全球視野與多元文化/朱介國著.--初版.--新北市：
新文京開發出版股份有限公司, 2022.02
面； 公分

ISBN　978-986-430-812-5（平裝）

1. CST: 通識課程　2. CST: 多元文化教育
3. CST: 高等教育

525.33　　　　　　　　　　　　　111001935

全球視野與多元文化　　　　　　（書號：ST24）

作　　　者	朱介國
出 版 者	新文京開發出版股份有限公司
地　　　址	新北市中和區中山路二段 362 號 9 樓
電　　　話	(02) 2244-8188（代表號）
Ｆ　Ａ　Ｘ	(02) 2244-8189
郵　　　撥	1958730-2
初　　　版	西元 2022 年 02 月 25 日

ISBN　978-986-430-812-5

新文京開發出版股份有限公司
NEW WCDP

新世紀‧新視野‧新文京 — 精選教科書‧考試用書‧專業參考書